LES CINQUANTE FRANCS DE JEANNETTE.

Par DUCRAY-DUMINIL.

TOME SECOND.

A PARIS,

Chez BELIN-LE PRIEUR, Libraire,
quai des Augustins, N°. 55.

1813.

SAINT-QUENTIN.
IMPRIMERIE DE MOUREAU FILS.

LES CINQUANTE FRANCS DE JEANNETTE.

CHAPITRE XIX.

Refus qui n'a pas d'exemple.

Je t'ai laissée hier, Jeannette, au moment où le vieux commandeur de Mellery entre avec Saint-Ange chez M. de Servol, son ancien ami et le nôtre, à Calais. Pendant que mon père, enchanté, renoue connaissance avec ce vieillard, Saint-Ange m'aperçoit, vole à moi, et me témoigne le regret d'avoir été bien cruellement trompé sur mon compte. — Que voulez-vous dire, monsieur ? — Ah, mademoiselle,

mademoiselle St.-Brice ! la méchante femme que cette Linval ! et de quels monstres ma crédule jeunesse s'est trouvée environnée ! quels regrets éternels ! et quelle honte à jamais ineffaçable sur mon front ! — Il est vrai, monsieur ; la société de ces êtres corrompus n'était pas faite pour vous ; et c'est sans doute d'avoir donné quelques momens à cette société, que vous rougissez aujourd'hui ? — Mademoiselle !.... vous ne saurez jamais, non, vous ne connaîtrez jamais tous mes torts : je vous deviendrais trop odieux. — Monsieur, les mœurs de votre sexe sont, m'a-t-on dit, bien moins sévères que celles du nôtre. Une liaison vicieuse, qu'on fuit quand on la reconnaît telle, ne peut exciter des remords éternels, et l'on a toujours des droits à l'indulgence. — A l'indulgence ! Oh ! comme ce mot me rassure, et combien j'en ai besoin ! il est trop vrai, mademoiselle, j'ai perdu tout droit à un autre sentiment !....

Son oncle, qui l'appela, m'empêcha de lui faire des questions sur cet excès de repentir, dont je ne pouvais deviner le motif. Eh bien, Saint-Ange ! lui dit le commandeur avec un ton d'humeur qui ne m'échappa pas, est-ce ainsi que tu t'empresses de présenter tes devoirs à M. de Servol, le meilleur ami de ta famille ? — Mon oncle, pardon, mais j'ai tant de plaisir à retrouver ici mademoiselle Saint-Brice ! — Je le crois... Voilà mon neveu, mon cher Servol, tu dois le trouver grand et bien fait ; il a des droits à ton attachement, car tu l'as vu naître ? — Hélas, oui ! répondit M. de Servol en soupirant ; je n'oublierai jamais ce moment fatal... Chut ! paix, interrompit le commandeur ; il faut qu'une nuit éternelle couvre à jamais tant de malheurs ! Ha ça, sans façon, nous venons te demander un asile pour quelques mois peut-être ; car j'attends ici des nouvelles des vaisseaux que j'ai envoyés là-bas, et qui n'arrivent pas : c'est maintenant ma seule ressource ; car, pour ma commanderie, dans ce moment où l'on fait des changemens nécessaires, je crains bien qu'elle n'aille au diable, comme tous les ordres religieux.

Ici la conversation devint générale, et je ressentis un vrai plaisir d'apprendre que Saint-Ange allait passer quelque temps près de nous. Cependant une réflexion douloureuse vint bientôt empoisonner ce plaisir et troubler mon cœur. Trois mois encore, et j'allais être mère ! Quel embarras ! et quelle honte pour moi de devenir si méprisable aux yeux de l'homme dont l'estime et l'amour étaient si nécessaires à mon bonheur !

Je fis part de cette réflexion à madame de Servol, qui était entièrement dans ma confidence, et elle s'effraya comme moi. Cependant elle me flatta de me servir à cette époque, et de tâcher de cacher mon déshonneur à tous les yeux.

L'arrivée du commandeur et de Saint-Ange répandit pour tout le monde un charme infini dans cette maison. Servol, son ami, et mon père, toujours caché sous le nom de Saint-Brice, qu'il avait prié Servol en secret de lui garder, ces trois vieillards, dis-je, étaient inséparables, tandis que Saint-Ange et moi nous formions la société de madame de Servol, qui, connaissant notre tendresse, nous aidait à l'épancher en sa présence. Les aveux suivirent de près nos demi-confidences, et bientôt nous fûmes, mon amant et moi, de la meilleure intelligence. Cependant il parlait toujours de ses fautes, de ses remords et de l'horreur que lui inspirait madame de Linval. Je le pressai un jour de me donner l'explication de ce que je trouvais d'obscur dans ces exclamations; et il le fit, mais toujours en me cachant son crime envers moi. Il nous apprit que l'astucieuse Linval, n'ayant pas cessé de croire que M. de Saint-Brice était Dormon, erreur de laquelle il me donna l'explication dont je t'ai fait part hier, ma bonne Jeannette, cette méchante femme m'avait fait passer aux yeux de sa vile société pour la maîtresse de ce faux Dormon : Je l'ai cru comme les autres, ajouta-t-il avec timidité. Pardonnez, mademoiselle ; mais j'ai offensé votre vertu au point.... au point de vous croire une de ces créatures qui vivent du produit de leur déshonneur ! Erreur coupable ! Votre décence, votre conduite, tout en vous ne devait-il pas la détruire !.... Mais ma jeunesse, les mauvais conseils, l'état d'ivresse où l'on se plongeait dans cette maison de débauche, tout m'a porté..... tout m'a fasciné les yeux !.... Cependant, quelque temps après votre départ, nous avons tous été désabusés sur votre compte ; et ce fut la Dumérel elle-même qui prit ce soin. Cette intrigante, qui, pour se venger de la Linval, lui avait ourdi la fable de l'amour et de la visite prochaine, mais incognito, d'un M. Dormon, apprit que son ennemie était tombée dans le piége qu'elle lui avait tendu : elle commença à dévoiler par écrit à la Linval le tour qu'elle lui avait joué, ajoutant que celui qu'elle avait pris pour Dormon était un respectable père de famille qui voyageait avec sa fille. Ensuite la Dumérel fit courir des lettres circulaires, où toute cette aventure était relatée ; et la vanité, ainsi que l'ambition et la cupidité de la Linval, devinrent ainsi la fable et la risée de tout le monde. Vous jugez du dépit de la Linval, de l'étonnement de toute sa société, et sur-tout de ma douleur !... Mon oncle apprit ce tour singulier, et cela lui ouvrit les yeux ; il fit une scène à son hôtesse ; et nous la quittâmes pour jamais. Depuis ce temps nous avons visité quelques amis, et nous nous sommes enfin arrêtés ici, où le bonheur m'a fait vous rencontrer !

Je fus indignée, ainsi que Mme de Servol, de la conduite de la Linval; et nous l'aurions été bien davantage, si nous avions été instruites de l'outrage auquel elle avait exposé mon innocence. Saint-Ange se taisait sur ce point, et il était trop coupable en effet pour avouer un tel crime.

Quand mon père apprit du commandeur cette erreur de madame de Linval, il en rit, sans se douter, hélas ! de la vengeance inouie que cette femme scélérate avait exercée sur sa fille. Cette vengeance, que Saint-Ange connaissait seul, devait bientôt éclater, et me livrer à des regrets éternels.

Cependant l'amour de St.-Ange croissait de plus en plus, et le mien répondait à l'excès de ses transports. Mme de Servol, témoin toujours de tous nos entretiens, jouait le rôle d'une amie sensible, et n'appréhendait, pour mon amant, que la découverte de ce qu'elle appelait ma faute. Un jour Saint-Ange hasarda le mot d'hymen; il se jeta à mes pieds en me suppliant de lui accorder ma main, qu'il allait demander à mon père. J'étais prête à l'encourager dans cette démarche, mais madame de Servol, d'un regard expressif, me rendit à la prudence en me rappelant mon funeste état. Ah, monsieur! lui-dis-je, en mettant mes mains sur mon front, ces nœuds si désirés dans un autre temps, ne sont plus faits pour moi! Ne m'interrogez pas, et cessez d'espérer!...

A ces mots, je me précipitai dans une autre pièce, et laissai St.-Ange, à genoux encore, bien étonné sans doute de ce refus et de cette brusque sortie. Saint-Ange, frappé comme d'un coup de foudre, questionne madame de Servol, qui lui répond qu'un obstacle invincible s'oppose à notre union. — Et lequel, grand dieu ! en est-il un seul que je ne puisse briser ? — Il en est un, monsieur, terrible, insurmontable !... pour le moment du moins. — Pour le moment ! c'est-à-dire, madame, qu'un jour... — Un jour, monsieur, un jour vous saurez tout ; et alors, si vous persistez dans votre projet d'hymen, vous n'aurez de reproches à faire à personne !... — Des reproches !... Daignez vous expliquer. — Je ne le puis, monsieur ; c'est le secret de mon amie, et non le mien. — Des secrets ?...

Madame de Servol se lève, vient me joindre, et s'empresse d'essuyer les pleurs qui coulent abondamment de mes yeux. Mon amie, me dit-elle, ce n'est point là le moment d'ajouter à vos remords ; mais si St.-Ange vous eût rendue coupable, voyez quel bonheur ce serait pour vous aujourd'hui de l'épouser ! de couvrir de son nom votre déshonneur ! — Eh, madame, sais-je qui m'a rendue criminelle !... — Encore votre incertitude, mon amie? vous sentez bien que je ne puis y croire : entre nous, il faut bien que quelqu'un... — Personne, madame, personne. Qu'est-ce que cela veut dire? Est-ce qu'on aurait abusé de votre sommeil?.... mais encore il faudrait dormir d'une force!...... Allons, allons, cela n'est pas possible!... — J'ignore, madame, si cela est possible ou non; mais je sais bien, moi, et j'atteste le ciel, que St.-Ange est le seul que j'aie aimé, et qu'avec lui j'ai toujours suivi les lois de la vertu.

Madame de Servol secoua la tête, et ne me pressa pas davantage. Cependant St.-Ange, persistant toujours dans son projet, fut, avant d'en parler à mon père, demander le consentement de son oncle. Le commandeur s'emporta. Y pensez-vous, monsieur? lui dit-il; ignorez-vous que votre père m'a donné le droit de disposer autrement de votre main, et que j'ai d'autres vues sur vous?

Le commandeur s'opposa formellement aux vœux de Saint-Ange; et ce jeune homme, désespéré, vint confier à madame de Servol, en mon absence, son embarras et son malheur. Madame de Servol, consola cet infortuné, et l'engagea à obéir à son oncle dans cette affaire, surtout où il ne pourrait espérer le consentement de son amie. Mademoiselle de St.-Brice, ajouta-t-elle, vous aime, vous adore; mais elle ne peut vous épouser. Saint-Ange, désolé, fut se livrer en secret à l'excès de sa douleur.

Cependant le terme de ma grossesse approchait, et, grâce aux soins de mon amie, elle avait échappé encore à tous les regards. Madame de Servol, pour me tirer de ce fatal embarras, prétexta des affaires à sa maison de campagne. Madame de Servol voulait y faire des réparations, des embellissemens à l'approche du printemps. Elle n'eut pas de peine à obtenir de mon père la permission de m'y emmener avec elle; et elle sut si bien arranger ce voyage, que les hommes restèrent à Calais, pendant que, nous deux mon amie, nous partîmes pour rester un mois à Rémival, où était située sa maison. Là, nous attendions de jour en jour le moment de la maternité; et notre seule crainte était d'y voir arriver, non M. de Servol, qui avait trop d'affaires à Calais, mais le commandeur, vieillard fort pour les surprises; ou son neveu, dont l'amour impatient pouvait s'ennuyer de mon absence. Mon amie cependant, au moyen de serviteurs fidèles et sûrs, était instruite de toutes les démarches de nos interrupteurs; et, au moindre avis de leur arrivée, nous aurions quitté Rémival pour un autre séjour.

Heureusement aucun d'eux ne vint troubler notre solitude; et, au bout de trois semaines, je mis au monde un joli petit garçon.

CHAPITRE XX.

Joie du Papa, et suite funeste.

« Il était neuf heures du matin lorsque je fus heureusement délivrée. Une garde sûre, un accoucheur, Mme de Servol étaient près de mon lit; et, depuis deux jours les approches de mon accouchement nous avaient tous tellement occupés, que mon amie n'avait pu se livrer à ses précautions ordinaires. J'étais donc mère Jeannette, et déjà, je tenais dans mes bras, en le couvrant de baisers, mon enfant, qui m'offrait la première idée de son sexe, et que j'appelais mon fils, mon cher fils!...

La porte s'ouvre, et nous voyons paraître, qui, grand dieu! Saint-Ange lui-même, qui reste frappé d'étonnement. Que vois-je? s'écrie-t-il... Et soudain je tombe sur mon lit sans connaissance!...

Madame de Servol, outrée de la hardiesse du jeune homme, et désespérée de son imprudence, qui va l'éclairer sur ma faute, lui fait les plus vifs reproches de sa brusque visite: Saint-Ange interdit n'a pas la force de lui répondre. Mon amie vole à mon secours; elle me prodigue tous ses soins, et je revois enfin la lumière pour la détester. Quelle honte en effet pour moi, quelle honte, Jeannette!... Je m'écrie: Monsieur, monsieur! (*Il veut sortir*). Ah! restez, restez; ne m'accablez point de votre mépris: ne m'accusez point sans m'entendre?..... Cet enfant, il est vrai... il est le mien! mais je suis innocente! je le suis! j'ignore comment... O mon dieu! fais éclater mon innocence!—Voilà donc cet obstacle, mademoiselle? répond St.-Ange, pâle, balbutiant avec peine... C'est donc là ce mystère impénétrable !... Ah ! femme perfide ! Je l'aurais crue la vertu sur la terre !—Elle l'est toujours, monsieur, interrompt mon amie; elle-même, elle n'a point de secret pour moi; et, ce qui me confond, c'est qu'elle m'a toujours juré qu'elle n'avait connu personne! Elle est même là-dessus d'une naïveté..... Mais quel mal vous lui faites dans un moment pareil!.... Voyez ses larmes, entendez ses sanglots...

Je m'écrie : il me croit coupable ! —Je l'ai toujours dit, interrompt madame Servol, il faut que quelque scélérat, abusant de son sommeil... —De son sommeil ! que dites-vous ? reprend Saint-Ange comme frappé d'un trait de lumière !... Ah, madame ! daignez m'éclaircir... Combien de grossesse ?—Eh, monsieur, neuf mois : cela se demande-t-il ? —Neuf mois! il y a neuf mois juste ! Oui, oui, c'est la vertu même... Il n'est pas possible qu'un autre!....

C'est moi! Ah, mon épouse! ah, mon fils!...

Saint-Ange se jette sur mon lit; il saisit l'enfant, le couvre de baisers; puis, se précipitant à genoux, il cherche ma main pour en couvrir son front, courbé sous le poids du remords. Madame de Servol, tous les assistans, et moi-même, nous restons interdits des cris de cet insensé, et personne ne sait ce qu'il veut dire: il nous éclaire enfin. Vous me regardez tous, s'écrie-t-il, et vous ne croyez pas que c'est moi qui suis ce scélérat, ce suborneur!... Saint-Brice, Saint-Brice! rappelle-toi cette nuit, cette dernière nuit que tu passas chez madame de Linval? chez elle, dans son appartement?... Pour se venger, l'infâme avait engourdi tes sens par une liqueur soporifique: égaré par l'amour, par d'autres passions que je n'ose rappeler, je trouvai ta porte ouverte: tu dormais du sommeil des anges... et.... j'osai te déshonorer!...

Au lieu d'accabler Saint-Ange de mes reproches, il me sembla qu'un baume consolateur venait rafraîchir mon sang : le calme rentra dans mon âme, et je m'écriai : Eh bien, mon amie ! avais-je tort ? suis-je encore coupable à vos yeux ?

Madame de Servol ne peut revenir de son étonnement : Quoi ! jeune homme, dit-elle à Saint-Ange, c'est vous, vous qui avez pu outrager à ce point l'honneur et la vertu !... Elle avait donc raison, cette chère enfant, en me jurant qu'elle ignorait.... Mais quel bonheur ! tout est réparé : Saint-Ange, voilà votre femme et votre fils. Et nous qui rougissions de lui avouer un état dont il était l'auteur ! Rassure-toi, mon amie; ouvre tes bras à Saint-Ange; tu as recouvré tous tes droits à son estime. — Oh ! que ne puis-je mériter la sienne ! reprend Saint-Ange. Moi, moi, élevé dans des mœurs, dans des principes !.... me dégrader, à ce point ! Oh, quel torrent que le vice!... Madame, obtenez mon pardon?

Saint-Ange, répliquai-je d'une voix faible, vous m'avez confondue avec les plus viles créatures; vous avez servi la cruauté d'un monstre à qui je n'avais jamais fait de mal ; vous m'avez causé bien des maux!... Mais je les oublie ; je pardonne tout, puisque vous êtes le père de mon enfant, et si vous me jurez sur-tout, de ne jamais vous écarter des devoirs que vous impose ce titre sacré.

St.-Ange saisit ma main, l'inonde des larmes du repentir, et bientôt nous nous livrons tous à l'ivresse dans laquelle l'aveu du coupable et ce fortuné moment devaient nous plonger. Quel heureux hasard avait guidé Saint-Ange à Rémival, ce jour-là, précisément à cette heure? Ennuyé de ma longue absence, s'apercevant bien que madame de Servol l'éloignait de sa maison de campagne, il s'était décidé à s'y rendre secrètement; et, au moyen d'un domestique qui lui avait confié la clef d'une petite porte de jardin, il était parvenu, sans obstacle, jusqu'à mon appartement, où le tableau le moins attendu venait de faire son bonheur, après avoir excité sa douleur et son ressentiment.

Saint-Ange passa la journée à Rémival : il me jura cent fois que je serais son épouse, quelques obstacles qu'on apportât à son bonheur. Ce mot me fit frémir; je vis clairement que Saint-Ange craignait, de la part de son oncle, une opposition dont il me cachait le motif. Je le pressai de s'expliquer : il détourna les yeux, versa quelques larmes, et il repartit pour Calais, où sa longue absence avait sans doute inquiété le vieux commandeur. Je passai un mois entier encore à Rémival, où Saint-Ange vint me voir presque tous les jours; mon père lui même y vint aussi, accompagné de ses deux vieux amis. Madame de Servolleur dit que depuis mon séjour dans cette campagne, je n'avais pas cessé d'être alitée. Mon père parut sensible à mon indisposition ; mais il ne se douta de rien. Pour Saint-Ange, il devint triste, soucieux, et nous nous aperçûmes qu'un fond de chagrin altérait singulièrement sa santé. Ce fut en vain que nous le pressâmes de verser dans notre sein ses secrètes inquiétudes. Il s'obstina à garder un silence cruel, toujours en me jurant qu'il m'obtiendrait de son oncle inhumain, inflexible, ou qu'il perdrait la vie !....

Nous avions mis mon petit Charles chez une nourrice dont nous connaissions la discrétion, la fidélité, et qui demeurait au bout du village même de Rémival. Il y avait un mois qu'il était dans cette maison sûre, lorsqu'un jour cette femme entra chez madame de Servol en versant un torrent de larmes : Madame, me dit-elle en sanglottant, ô madame ! que je suis coupable ! Non, vous ne me le pardonnerez jamais ! — Qu'avez-vous, Hélène ? — On me l'a pris, madame, on me l'a enlevé. — Qui ? — Je ne sais, madame, qui s'est permis, pendant mon absence...... — Ciel ! expliquez-vous. Que vous a-t-on pris ? — Eh, mon dieu, madame, mon nourrisson, le petit Charles. — Mon fils, on vous a enlevé mon fils ! Malheureuse !..... — Accablez-moi, madame, je le mérite pour une pareille négligence ; mais pouvais-je me douter ? pouvais-je prévoir ?....

Je jette des cris lugubres : madame de Servol, non moins émue, mais plus réfléchie, me calme, interroge cette femme : Remettez-vous, lui dit-elle, et racontez-nous au moins comment cela s'est passé ?

— J'étais sortie, madame, répond Hélène ; j'étais dehors pour un moment : ma petite nièce, un enfant de dix ans, était restée auprès du petit Charles. Un monsieur entre, me demande, caresse le petit, l'embrasse, et dit à ma jeune nièce qu'il

va

va me l'apporter chez la voisine Vitry, où je le demande; il remet une lettre à ma nièce, sort avec le petit dans ses bras, monte dans une chaise de poste, qui s'éloigne aux yeux de la jeune fille étonnée. Voilà, madame, l'exacte vérité : vous jugez de ma surprise et de ma douleur en rentrant chez moi! — Et cette lettre, Hélène, l'avez-vous? — La voilà; c'est à madame qu'elle est adressée. — A moi!

Madame de Sérvol prend la lettre, qui en effet porte son nom sur la suscription, et nous reconnaissons toutes deux l'écriture de Saint-Ange. Voici ce qu'il mandait à mon amie :

« Madame, le malheur qui s'est
» attaché à mon berceau dès ma
» naissance, vient d'épuiser ses der-
» niers traits sur moi. Un obstacle
» invincible me sépare à jamais de
» celle que j'aime, que j'adorerai
» jusqu'à la mort. Un oncle intrai-
» table, à qui j'ai tout dit, m'en-
» traîne, m'arrache des lieux où

» j'ai connu l'amour et la paternité.
» La sévérité, dirai-je l'honneur?
» oui, l'honneur même me pres-
» crivent d'autres nœuds que j'ab-
» horre, mais auxquels je ne puis
» me soustraire !...... Il m'a été
» impossible d'annoncer cette fatale
» nouvelle à mademoiselle de Saint-
» Brice : j'aurais perdu la vie en
» voyant sa douleur. Il m'a donc
» fallu m'éloigner sans la voir...
» Mais je suis père ; et du moins,
» si je lui dérobe son enfant, si je
» la prive de ce bien précieux, le
» seul qui puisse me consoler loin
» d'elle, c'est dans l'espoir de le lui
» présenter un jour, en la suppliant
» d'accepter la main de son père.
» Amie rare et précieuse, daignez
» la consoler ; daignez implorer
» mon pardon pour le larcin que
» j'ose lui faire. Assurez-la du bon-
» heur et de tous les soins que cette
» faible créature doit attendre de
» celui qui lui donna le jour, et
» jurez-lui que, si mon secret est

» d'une nature à ne pouvoir être
» relevé encore, un jour viendra
» où elle saura tout, et pardonnera
» tout, j'ose le croire, en faveur
» des motifs qui me forcent au si-
» lence. Adieu, madame; c'est sur
» vous que je compte pour me don-
» ner de temps en temps des nou-
» velles de celle que jamais je ne
» cesserai d'adorer. »

Point de signature, Jeannette. Et il partait, pour toujours, avec mon enfant! Juge de ma situation, ma pauvre Jeannette!.. Une fièvre ardente vint consumer mon sang. Mon amie, effrayée de mon état, en prévint mon père, qui vint à Rémival, accompagné de M. de Servol. Ils nous apprirent que, depuis quelques jours, le vieux commandeur de Mellery, qui les boudait tous deux, sans leur en dire les motifs, les avait quittés un beau matin, ainsi que son neveu, sans les prévenir de leur départ, sans même les charger de faire leurs

B 2

adieux aux dames. M. de Servol était furieux de cette conduite, à laquelle il ne comprenait rien, et mon père l'interpréta en disant qu'il avait toujours regardé le commandeur comme un original. Mon père me témoigna le plus tendre intérêt; et, grâces aux soins obligeans de mes amis, je me rétablis assez promptement. Mon père alors me déclara qu'il était dans l'intention de continuer ses voyages, et je partis avec lui, peu curieuse du coin de terre qu'il me fallait habiter désormais. Tu sens bien, Jeannette, que je n'oubliai pas de remercier ma tendre, ma généreuse amie, qui me promit d'entretenir une correspondance suivie avec moi, et de me donner des nouvelles de Saint-Ange, si elle parvenait à en découvrir.

Nous fûmes de là visiter, toujours sous le même nom supposé, les quatre coins de la France, et nous étions en Bretagne, lorsque nous apprîmes la mort de madame de

Servol, que celle de son époux suivit de près. Une maladie épidémique, qui régnait alors à Calais, me privait de deux amis, sur-tout de la seule femme de qui je pusse attendre des nouvelles de Saint-Ange et de mon fils! Que de coups, Jeannette! que de malheurs accumulés!.... Tu nous apprends notre ruine : mon père tombe malade ; il se rétablit : nous revenons à Meudon. J'y perds le meilleur des pères, et tu connais la suite de mes infortunes. Accablée de chagrins de tous les genres, je n'ai pu te faire part alors de ma secrète aventure avec Saint-Ange ; et la honte, le regret m'auraient engagée à te la laisser toujours ignorer, si le hasard n'eût pas envoyé ici, hier soir, Saint-Ange lui-même, qui sans doute ignore ce que je suis devenue, et ne se doute guères que son amante est cette pauvre Dascourt qu'il est venu demander, obligée de travailler pour exister!... Il paraît, par la lettre qu'il a égarée ici, qu'il m'aime toujours, et qu'il est encore libre de sa main ! Ah, Jeannette ! si je pouvais le découvrir, m'offrir à ses yeux !.... Mais que dis-je ? Saint-Ange, pourrait-il donner sa main à une femme sans fortune, sans nom, sans état !..... Ah, Jeannette !

CHAPITRE XXI.

Sa tête va bien travailler.

La bonne et naïve Jannette resta long-tems muette d'étonnement d'apprendre tant d'événemens bizarres, et dont jusqu'alors elle était bien éloignée de croire que son amie fût l'héroïne. Cécile, Cécile, la décence et la vertu sur la terre, Cécile était amante, mère, et son père était mort sans connaître le mystère de son amour ! Elle en avait même fait un secret à Jeannette ; et, quoique son erreur fût l'effet du malheur et de la séduction, Cécile rougissait de sa faute : comment Jeannette aurait-elle pu lui en faire des reproches ? La sévère Jeannette ne pouvait que plaindre son amie, la consoler et l'aider de ses conseils. O Cécile ! lui dit-elle, quand celle-ci eut fini de parler, quel enchaînement singulier d'infortunes produites par le hasard ! Eh quoi ! ce Saint-Ange, cet homme qui vous a ravi votre fils d'une manière aussi étrange, c'est ce même particulier que j'ai vu hier, hier soir, ici ! Oh, si j'avais su votre secret, comme je l'aurais examiné ! Il y a tout lieu de croire que, ne vous connaissant que sous le nom de Saint-Brice, il ignore ce que vous êtes devenue, puisque le seul confident de votre liaison, cette respectable madame de Servol, n'existe plus. Il est libre comme vous le dites ; sa main ne s'est pas encore donnée : s'il savait que mademoiselle existe encore, et qu'elle l'aime toujours ; il lui rendrait son fils, et peut-être lui donnerait-il un époux. Mademoiselle, il me vient une idée : madame de Saint-Albin connaît Saint-Ange, puisqu'elle l'a envoyé ici. J'irai, moi, oui, j'irai voir madame de Saint-Albin : je retrouverai Saint-Ange, et je l'amenerai à vos pieds. — A quoi bon, Jeannette, à quoi bon troubler son repos et le mien ? Son oncle vit encore ; cet inflexible vieillard veut toujours tyranniser son neveu : tu le vois par la lettre que Saint-Ange lui écrit. Je suis sans parens, sans fortune, sans appui sur la terre. Je ne retrouverais Saint-Ange que pour m'en voir séparée de nouveau par l'ambition et la cupidité ! — Mais votre fils ! Ah, mon fils ! Jeannette, tu as raison ; j'oubliais que je suis mère !.... Va, Jeannette, vole chez madame de Saint-Albin ; informe-toi de mon amant ; apprends-lui mes malheurs, ma triste position ; non pour qu'il m'offre des services indignes de ma délicatesse, mais pour qu'il me rende mon fils ; que je le voie ce fils chéri ; que je l'embrasse une seule fois, et j'oublierai toutes mes infortunes !

Jeannette ne perd pas de temps : elle vole chez madame de Saint-Albin, qu'elle a le bonheur de rencontrer au moment où elle va sortir : Madame...... — Qui êtes-vous, mon enfant ? — C'est moi, madame, qui travaille chez mademoiselle Dascourt. — Ah, mademoiselle Dascourt ! je suis contente de son ouvrage. — On vous l'a remis ? — Sans doute. — Monsieur...... Saint-Ange ? — Monsieur...... Saint-Ange ? Que dites-vous, ma fille ? — Oui, ce monsieur qui est venu ?...... — Eh bien, ce monsieur ne s'appelle point Saint-Ange. C'est le fils d'un des anciens amis de ma famille. Jamais il n'a porté ce nom. — Ah, c'est que ce monsieur a laissé tomber chez nous un papier.... — Important ? — Non, madame ; mais auquel il peut cependant attacher de l'intérêt. — L'avez-vous? — Non, madame; je prenais la liberté de demander son adresse à madame pour le lui reporter. — Son adresse, ma fille ; il est bien loin à présent ; il court la poste ; et moi, telle que vous me voyez, je monte dans l'instant en voiture pour aller le rejoindre. — Madame, je vous demande bien pardon. Ce monsieur n'est point M. de Saint-Ange , neveu du commandeur de . . . . ?

Ici on avertit madame Saint-Albin que la voiture était prête. Cette dame fit signe de la main à Jeannette de se retirer ; et Jeannette, timide et confuse, sortit. Comme elle était dans la rue, elle rencontra une femme qui la fixa , et se jeta bientôt à son col. Est-ce toi, Jeannette? s'écrie cette femme ; ah ! quel bonheur pour moi de te revoir après deux ans d'absence ! Et quoi ! tu me regardes? Tu ne reconnais plus sous cet habit ton ancienne amie, la sœur Emilie, qui n'est plus religieuse? — Quoi! c'est toi, Emilie? Eh, par quel hasard? — Bien simple, ma pauvre Jeannette. Tous les ordres religieux sont supprimés; je suis rentrée dans le monde. J'ai quitté l'hospice il y a deux ans, et j'ai bien voyagé depuis!... Mais, dis-moi donc toi-même ce que tu es devenue: Je t'ai cherchée à Meudon, par tout Paris; j'avais d'excellentes nouvelles à t'apprendre. — A moi, Emilie? — A toi, ma pauvre Jeannette! Mais, quelle joie! Ta fortune est faite, mon enfant: il ne tient qu'à toi de retrouver tes parens. — Mes parens? Que me dis-tu?..... Tu les connais? — Non pas moi; mais je te donnerai les moyens de les retrouver. — Et ils sont riches? — Riches à millions! — Ah, Cécile, mon amie, vous ne travaillerez plus! Je trouverai donc enfin l'occasion de reconnaître les bienfaits de votre famille ! — Que dis-tu de Cécile ?

Jeannette apprend à Emilie les malheurs de mademoiselle d'Eranville, en lui cachant cependant le secret de ses amours avec St.-Ange. Emilie prend de ce récit l'occasion de parler des vicissitudes humaines; puis elle fait à Jeannette le récit suivant :

« Ainsi, ma chère, pendant que le destin se plaît à abaisser celui-ci, il donne à celui-là les moyens de s'élever, et c'est la providence sans doute qui m'a fait te rencontrer pour te donner avis du bonheur qui t'attend ! Ecoute-moi avec attention. Tu sauras qu'après avoir quitté l'hospice des Enfans-Trouvés, je voulus aller retrouver mes parens qui demeurent dans une province très-éloignée d'ici. En passant près de Chartres, la nuit me surprit, ou plutôt un orage affreux menaçant d'éclater, je me vis forcée de suspendre ma marche pour chercher
un

un abri. Il n'y avait aucune auberge aux environs. Je tremblais d'être surprise par le mauvais temps, lorsque je découvris près de moi une petite masure de cultivateur, isolée, et absolument la seule qu'il y eût dans quatre lieues d'étendue de plaine. La pluie commençait à tomber; je me hasardai à entrer dans cette cabane pour y demander l'hospitalité : j'y fus parfaitement reçue par un vieillard et une jeune personne qui me parut être sa fille. Thérèse, lui dit le vieillard, donne à madame du lait, quelque chose pour la désaltérer; car elle me paraît être bien fatiguée : vous resterez ici toute cette nuit, n'est-ce pas ? Thérèse partagera son lit avec vous, et c'est un vrai plaisir que vous ferez au bon Jacques. — Jacques, je vous dérangerai; je crains de gêner....
— Qui donc! ma fille ? Ah, elle sera très-contente de pouvoir vous rendre ce léger service !

« J'accepte, et bientôt je me

mets, avec ces bonnes gens, à une table sur laquelle Thérèse a servi une collation frugale. La conversation s'entame. Madame vient de Paris? me demande mon hôte. — Oui, Jacques, je quitte pour jamais peut-être cette ville, où je croyais bien finir mes jours. — Y a-t-il toujours du nouveau? — Vraiment, il y a de nouveau que moi, qui étais religieuse, on m'a rendu ma liberté. — Ah! madame était religieuse? — Aux Enfans-Trouvés. — Aux...

« Mon hôte pâlit, et détourne les yeux. — Qu'avez-vous, Jacques? — Vous venez de prononcer un mot qui me rappelle bien des fâcheux souvenirs. — Comment? — J'avais un frère, devant Dieu soit son âme! le pauvre garçon, il n'a fait qu'une faute dans sa vie; mais il en a eu tant de regret, qu'au bout du compte il en est mort! — Ah, oui! j'entends : un enfant, son fils, peut-être, qu'il aura été obligé de mettre aux Enfans-Trouvés? — Non, ce

n'était pas son fils, une jolie petite fille à son maître: pauvre petite! Il la déposa dans une allée, près de l'hospice même; un papier déchiré en deux à côté d'elle..... — Que dites-vous? un papier déchiré près d'elle? et combien y a-t-il de temps de cela? — Vingt-six ans juste, aujourd'hui. — Le jour de l'Ascension? Miséricorde! c'est Jeannette! — Vous connaissez cette petite fille? elle vivrait? — Son père, comment se nommait-il? — Je ne puis vous dire les noms de ses parens; mais ils sont bien riches! — Si elle se présentait à eux? — Ils la recevraient comme l'enfant du malheur. — Daignez me raconter, bon Jacques...
— Il ne m'est pas permis de révéler les secrets des autres. Envoyez-moi Jeannette: je lui dirai tout, et la rendrai à sa famille, heureuse de la retrouver.

» Enchantée de cet éclaircissement inattendu, je quittai, le lendemain, cet homme sensible et généreux, qui m'assura de nouveau que les parens de Jeannette combleraient tous ses vœux, s'ils la retrouvaient, et je poursuivis ma route. Depuis, mes propres affaires, mes voyages, tout m'a distraite du projet que j'avais de te faire part de cette heureuse nouvelle. J'ai cependant écrit à Meudon ; je n'ai point reçu de réponse : depuis mon retour à Paris, je t'ai cherchée inutilement par-tout, et je bénis le ciel de t'avoir offerte à mes regards aujourd'hui. Adieu, ma bonne Jeannette ; je suis pressée ; voilà mon adresse et celle du bon Jacques, cultivateur près de Chartres ; va, cours trouver cet homme qui doit te rendre à ta famille ; et si tu deviens heureuse, que Cécile d'Eranville partage ta félicité ! »

La bonne Emilie embrassa Jeannette, et la quitta.

CHAPITRE XXII.
Adieu, Jeannette.

JEANNETTE revint, toute rêveuse, chez Cécile. Ses parens! il lui est possible de les retrouver, et ils sont immensément riches! Ce n'est pas pour elle que Jeannette voudrait la grandeur, la fortune; mais pour son amie, pour Cécile, à qui elle céderait soudain un partage égal de ses biens. Cécile ne travaillerait plus pour exister; Cécile rentrerait dans l'état d'aisance auquel son enfance et ses parens l'avaient accoutumée, et Jeannette paierait ainsi, aux mânes de M. et Mme d'Éranville, le tribut de reconnaissance qu'elle leur doit! O Jeannette! comme cette idée plaît à ton cœur excellent! Et cette autre idée, Jeannette? Si Cécile retrouve un jour ce jeune Saint-Ange et son fils, Cécile, riche, peut prétendre encore à la main de son amant; et c'est Jeannette qui ferait tant d'heureux!... Elle vivrait alors près de ce couple fortuné, avec leur petit Charles, dont elle serait la seconde mère. Toute cette famille lui sourirait; elle en serait l'âme, l'amie tendre et chérie! quel heureux avenir!.... Allons, Jeannette, il n'y a pas à balancer. Pour toi seule, Jeannette, tu ne chercherais pas à quitter l'état obscur auquel tu es habituée; tu n'irais pas t'exposer aux troubles, aux inquiétudes qu'accompagnent toujours une grande fortune, et dont tes bienfaiteurs t'ont donné un funeste exemple! tu ne t'exposerais pas à voir vérifier les prédictions que t'adressa monsieur d'Eranville mourant, et tu n'irais pas te jeter au travers d'une famille où tu pourrais rencontrer des gens étonnés, fâchés même de te reconnaître.... Mais l'amitié te rend capable de tout; c'est à l'amitié que tu dois sacrifier tes craintes et ton amour pour l'obscurité : Jeannette, il s'agit d'une autre, et non de toi ; ce motif doit seul te faire agir, et surmonter toutes les difficultés que ton esprit veut offrir à ton cœur. Voilà qui est décidé : Jeannette va chercher ses parens ; mais, pour cela, il faut voyager, il faut quelques moyens pécuniaires, et Jeannette ne possède pas une pièce d'argent. Tout ce qu'elle gagne, elle le donne à Cécile ; c'est Cécile qui tient la bourse, et cette bourse est bien peu garnie ; mais à propos, Jeannette se le rappelle, madame de Saint-Albin a donné cent francs pour le raccommodage de son voile et de plusieurs autres dentelles : Cécile a ces cent francs encore intacts ; si Jeannette lui en demandait la moitié, cela suffirait sans doute pour la faire arriver chez ses parens?.. Oui ; mais comment oser demander cette somme à une amie gênée ? comment lui apprendre qu'on veut la quitter, se séparer d'elle, ne fût-ce que pour un mois ? Cécile va se croire seule abandonnée dans le monde; elle accusera Jeannette d'ingratitude, et Jeannette ne pourra pas lui dire que c'est pour Cécile qu'elle va travailler! Quel embarras! et comment Jeannette s'y prendra-t-elle pour annoncer son départ à son amie, et pour lui demander le partage de sa modique fortune ? Allons toujours; peut-être le hasard amenera-t-il un moyen de placer cette explication et ces demandes indiscrètes.

Ainsi réfléchissait encore Jeannette lorsqu'elle entra dans la chambre de Cécile. Celle-ci courut au-devant d'elle : Ah, mon amie ! lui dit-elle, ma chère Jeannette, apprends l'événement le plus heureux! monsieur de Verneuil est libre : on a reconnu son innocence : il sort d'ici ; il a bien demandé de tes nouvelles ; il est libre, tranquille maintenant; et pour comble de bonheur, il se flatte, au moyen des nouvelles lois, de rentrer dans les biens de sa famille, dont les aînés, par une coutume injuste autrefois, étaient enrichis aux dépens des cadets. Il est heureux, te dis-je, et ce bon ami veut, dit-il, reconnaître au centuple les faibles services que nous avons eu le bonheur de lui rendre. Jeannette, il va voyager, il va dans son pays, et tout lui fait croire qu'il triomphera de la cupidité de ses frères : Jeannette, tu me vois au comble de la joie !.... As-tu d'aussi heureuses nouvelles à m'apprendre? Mme de St.-Albin?.. — Mme de St.-Albin, mademoiselle, ne connaît pas Saint-Ange : le particulier qui est venu ici ne porte point, n'a même jamais porté ce nom...... ce n'est point votre amant..... — Ce n'est point lui !... mais le nom de cet étranger? — Je n'ai pu le découvrir; il vous suffit de savoir que ce n'est point Saint-Ange. — Mais, Jeannette, cette lettre de l'écriture de mon amant, comment se serait-elle trouvée dans la poche d'un autre? C'est bien pourtant son écriture. — Qui sait, mademoiselle! cette lettre était adressée au commandeur : ce vieillard peut l'avoir reçue, perdue ou confiée à quelqu'un. — Tu as raison ; ainsi plus d'espoir de retrouver celui... Jamais, Jeannette, jamais je ne le reverrai! Conçois-tu cet excès de malheur? — Il semble, en effet, qu'une barrière insurmontable vous en sépare... Sort bizarre! ou plutôt bizarre amant! quel motif a pu engager ce jeune homme à vous fuir, à vous ravir votre enfant? Je vous l'avouerai, mademoiselle, ce trait de sa part m'a paru très-mal dans votre récit : c'est une cruauté!... une horreur!... S'il voulait vous fuir, ou s'il était forcé de vous fuir, il n'avait qu'à vous laisser le fruit de son crime ; cela aurait pu.... — Eh! c'est peut-être pour effacer les traces de ce crime honteux dont je l'ai souvent vu rougir, qu'il m'en a enlevé la preuve vivante. Jeannette, il a de l'honneur, de la délicatesse : il m'aimait, il m'aimera toujours ; mais, soumis à un oncle barbare, habitué à se plier sous le joug des événemens, Saint-Ange est un sage, un philosophe capable de nourrir vingt ans un projet qui peut le conduire au bonheur... Enfin, ce n'est pas lui... Jeannette, n'y pensons plus, et attendons tout du temps.

Cécile baisse ses beaux yeux, dont s'échappent quelques larmes, et Jeannette, remplie de son projet, ne sait comment en faire part à son amie affligée. Mademoiselle ? — Jeannette, qu'as-tu : tu es pâle et tremblante !... — Mademoiselle ?... — Eh, bon dieu, que tu es agitée ! tu tombes à mes genoux, Jeannette ! est-ce là ta place ? Viens dans mes bras, et parle-moi franchement. Aurais-tu quelque secret à me communiquer ? — Oh oui, mademoiselle, un secret de la plus haute importance ! — Parle donc, tu m'effraies, et ton état m'afflige sensiblement.

Cécile fait asseoir près d'elle Jeannette, qui prend enfin assez de force sur elle-même pour lui parler ainsi :

Vous savez, mademoiselle, que je ne suis qu'une pauvre fille abandonnée, élevée jadis par la pitié d'un hospice, et depuis par les bienfaits de vos respectables parens? Mademoiselle, les miens..... ils existent.... je suis libre d'aller me jeter dans leurs bras : on me l'a dit; ils m'attendent et soupirent après moi..... — Que me dis-tu, Jeannette? tu as reçu des nouvelles de ta famille, et tu brûles de la connaître? Ce désir est naturel, Jeannette, très-naturel; mais prends garde aux derniers avis que te donna mon père avant d'expirer! Qui sont-ils, tes parens? Sont-ils riches? — Oui, mademoiselle, très-riches. —*Jeannette, t'a dit mon père, si tu m'en crois, tu resteras dans l'igno-*

rance où tu as vécu jusqu'à présent : tes parens ont été assez dénaturés pour t'abandonner ! s'ils sont opulens, tu t'exposeras à leurs mépris, aux vexations peut-être d'héritiers avides, dont ta présence détruira les espérances, et qui peuvent te tourmenter de mille manières ! Jeannette, voilà le moment de peser ces sages réflexions.
— Mademoiselle, je n'ai jamais oublié ces conseils dictés par la prudence ; mais je me sens assez de fermeté pour résister à toutes les tracasseries de l'ambition ou de la cupidité. Un motif... secret... bien puissant sur mon cœur, m'en donnera la force. Mademoiselle, permettez-moi de vous quitter.... pendant quelques jours seulement : je reviendrai. Oh ! ne doutez pas que je ne revienne vivre et mourir près de vous ! — Mais, Jeannette, comment as-tu découvert l'asile de tes parens ?

Jeannette raconte à Cécile sa conversation avec la sœur Emilie ; puis elle ajoute : Il n'y a pas un moment à perdre, mademoiselle le voit bien. Depuis deux ans, ce cultivateur, ce bon Jacques, peut avoir cessé d'être, ou ne plus demeurer dans le pays ; il est cependant essentiel que je m'y rende dès demain. Je suis désolée sans doute de vous quitter dans le moment où un espoir trompé vous plonge dans une juste affliction ; mais c'est un bonheur que M. de Verneuil soit libre ; cet ami vous verra, vous consolera.... — Et il part aussi, Jeannette, tout le monde m'abandonne ! — Mademoiselle, il me faut sans doute toute l'énergie que me donne..... le motif qui me fait agir, pour résister à mon propre cœur, qui se brise à la seule idée de se séparer du vôtre ; songez que ce n'est que pour un moment ; que notre... que mon bonheur, veux-je dire, dépend à jamais de cette démarche essentielle, et que nous nous reverrons plus......... oh, oui, plus heureuses ! — Ah, Jeannette!

ils n'ont qu'à te garder, ces parens fortunés! s'ils vont t'éloigner de moi!—Jamais! ah, jamais! quelle puissance humaine pourrait m'empêcher de rejoindre mon amie! S'ils en avaient l'intention, je leur dirais : Gardez votre or, vos richesses, tout l'éclat que vous faites briller à mes yeux; je préfère l'indigence à laquelle vous m'aviez condamnée, pourvu que je passe ma vie auprès de ma chère Cécile!... — Excellent cœur!... Ainsi, Jeannette, tu pars! tu me quittes!... je ne te retiens plus... Va, Jeannette, va chercher le bonheur! pour moi, les larmes, les regrets et l'abandon, voilà désormais mon triste partage!.... Mais je t'afflige! tu pleures bonne Jeannette! ah! loin de moi la pensée de te retenir, d'abuser de l'amitié pour m'opposer à ton avancement! Ce serait une tyrannie, et je dois t'aimer pour toi avant tout.. Jeannette, il te faut de l'argent : tu sais ce que nous avons ici? voilà cent francs :

acceptes-en la moitié; prends le tout, s'il t'est nécessaire : le travail de mes mains me suffira, et je serai consolée en pensant que cette faible somme peut être utile à mon amie.

Jeannette, émue de ce nouveau trait, couvre de larmes et de baisers la main de Cécile. O mon amie! s'écrie-t-elle, combien vous savez épargner ma délicatesse! cette somme, la moitié seulement était l'objet de mes vœux; je n'osais vous en dépouiller, et vous me l'offrez avec tant de générosité!.... Cécile, mademoiselle, puisque vous l'exigez, j'accepte *cinquante francs*; et, si j'ai le bonheur de les voir fructifier, vous me permettrez bientôt de les rendre, avec... les intérêts. Oui, n'est-ce pas? vous ne rougirez pas de recevoir de la main de votre amie une restitution qu'elle vous doit, ainsi qu'à la mémoire de vos chers parens, de mes généreux bienfaiteurs!... — Ne parlons pas de cela, Jeannette; j'estime trop

l'amitié pour rougir de ses bienfaits. — Oh ! comme ce mot me console ! comme il rafraîchit mon sang ! il me donne du courage pour vous quitter, oui, pour vous quitter !....
— Jeannette, je crois t'entendre ; mais je sais que l'amitié doit mettre plus de bornes au plaisir de recevoir qu'à celui d'offrir. Va, Jeannette, cours embrasser un père, une mère sans doute qui s'estimeront bienheureux de retrouver dans leur fille une femme aussi estimable, aussi intéressante que toi. — Bonne Cécile ! — Voilà, dans ce coffret, le papier qui fut jadis déposé près de toi. Jusqu'à présent aucune de nous deux n'avait témoigné le désir de le lire. Voyons ce qu'il contient.

Ce papier, qui avait été déchiré autrefois, et dont il n'existait qu'une moitié, était ainsi conçu :

« Cette enfant s'appelle Jeanne Vic...
» baptisée le jour d'hier ; mais sa nais...
» son père. Si vous craignez la cru....
» défaire, n'accusez ni son cœur ni....
» sa mère. La fatalité qui a poursui...,

» sera peut-être de les persécuter. Un jour,...
» trouvés, où l'on est prié de garder ce....
» connaître.
« Passant, ayez pitié de l'enfance
» abandonnée ? »

Ces deux lignes : *Passant*, etc. étaient d'une autre écriture que le corps de la lettre, au crayon et sans orthographe, ce qui annonçait qu'elles avaient été écrites de la main d'un subalterne. Les administrateurs de l'hospice avaient mis au bas de ce papier la date du jour et de l'année où on leur avait apporté l'enfant. Jeannette prit ce papier, sa petite somme, et le lendemain matin elle se sépara, non sans douleur et sans verser des larmes, de sa chère Cécile, à qui elle promit d'écrire souvent, et de revenir le plutôt possible. Suivons Jeannette, à qui il va arriver bien des événemens : nous pourrons être quelque temps sans revoir Cécile; mais ce n'est pas elle, c'est la bonne Jeannette qui est l'héroïne de cette histoire.

CHAPITRE XXIII.

Tendresse réciproque.

Jeannette, son petit paquet sous le bras, ses papiers dans son porte-feuille, mais le cœur serré, l'œil humide de larmes s'en alla d'abord, sans s'arrêter, jusqu'à Versailles, où elle se reposa quelques momens. De-là elle fut dîner à Trape, et coucher à Rambouillet : c'était avoir considérablement marché pour une femme ! Pendant la nuit, elle ne put dormir ; elle pensa sans cesse à sa chère Cécile, qui, de son côté, sans doute, ne pouvait goûter de repos ; et Jeannette, aussi éloignée d'elle que si elle en eût été séparée par l'immensité des mers, eut du regret d'avoir quitté cette sensible amie. Jeannette n'avait jamais connu l'amour ; mais elle plaignait ceux que cette funeste passion dominait :

Cécile, loin de son amant, de son petit Charles et de Jeannette, lui parut être parvenue au comble de l'infortune : Jeannette se repentit de l'avoir laissée seule à sa douleur, et peu s'en fallut qu'elle ne projetât de revenir le lendemain à Paris; mais elle réfléchit bientôt au but de son voyage; et, sentant combien des changemens dans sa fortune et dans sa situation seraient intéressans pour son amie, elle se raffermit davantage dans son projet. Jeannette était bonne, et même timide; mais elle avait beaucoup de caractère : et quand elle avait formé une entreprise, rien ne pouvait l'empêcher de l'exécuter : fermeté, constance, prudence et patience, elle réunissait tout pour arriver à son but; et l'on verra par la suite qu'elle savait entreprendre et réussir.

Jeannette, sans avoir dormi, vit paraître le jour, et se remit en route; elle passa successivement Epernon, Maintenon, et, vers le soir enfin, elle se trouva à une lieue de Chartres, dont les hauts clochets fixèrent de loin ses regards. Il lui fallait trouver la masure de Jacques, et aucune chaumière ne frappait son œil attentif. Cependant, elle aperçut dans un fond, à un quart de lieue de la route, une petite cabane rustique, vers laquelle elle dirigea soudain ses pas. Le jour était sur son déclin; et si Jeannette s'était malheureusement trompée, il aurait fallu qu'elle fît une grande lieue dans ce site désert avant d'arriver à la ville.

Jeannette frappe à la porte basse de ce manoir isolé. Une voix de femme lui répond : on ouvre. Est-ce ici, lui dit Jeannette, la demeure de Jacques le cultivateur?—Jacques, ma bonne dame? il y a long-temps qu'il est mort! c'est moi qui lui ai succédé. Si vous avez besoin de quelque chose?... — Jacques est mort!... et Thérèse, sa fille?... — Thérèse? ah, pardi, Thérèse!

est-ce que je connais ça, moi? ses affaires ne me regardent pas. Si elle vous doit, tant pis pour vous, car ça doit à tout le monde; et cependant je lui ai bien payé cette chaumière pour ce que ça est: un trou, comme vous voyez; il n'y a pas de quoi s'y retourner. — Thérèse n'est donc plus dans ce pays? — Je ne sais où elle est, et je ne m'en informe pas: pardi, j'ai bien autre chose à penser! C'est là tout ce que vous voulez? — Madame...... il fait presque nuit; il n'y a pas d'auberge aux environs? — Pas une seule: bonsoir. — Mais s'il faut que j'aille jusqu'à Chartres! — Pardi, il y a loin, n'est-ce pas? une petite lieue: et puis cette plaine est sûre; n'ayez pas peur, on ne vous y enlevera pas! Bonsoir.

Jeannette, choquée de l'impertinence de cette femme, la quitta, l'âme triste et la larme à l'œil. Elle était seule, et sans espoir de découvrir le mystère qui était le but de son voyage. Jacques n'existait plus, et elle ignorait l'asile de sa fille... qu'allait-elle devenir? quel parti devait-elle prendre?

Celui d'aller au moins passer la nuit à Chartres : elle s'y détermina, et se mit en route avec autant de courage que de résignation. Il était nuit lorsqu'elle arriva dans cette grande ville, dont on allait fermer les portes. Jeannette prit la première rue qui s'offrit à elle, et se trouva dans la rue de la Visitation. Vis-à-vis le couvent, une femme du peuple tomba par mal-adresse, et pensa l'entraîner dans sa chûte. Jeannette s'empresse d'aider cette personne à se relever; et la femme, la remerciant avec sensibilité, lui témoigna le regret de ne pouvoir rien faire pour l'obliger. — Pardonnez-moi, ma bonne, lui répondit Jeannette, vous pouvez me rendre un grand service; car je suis étrangère dans cette ville, et je voudrais trouver un asile, où une femme pût passer décemment la nuit. — Venez chez moi, madame : mon mari sera charmé de vous recevoir, après la manière honnête dont vous m'avez secourue. Je demeure là : mon mari, Bernard, est compagnon menuisier, et moi, je vends des fruits, des légumes, toutes sortes de petites choses pour subsister : nous avons une chambre à deux lits ; vous voudrez bien en accepter un.

Jeannette fut sensible à l'offre obligeante de la jeune Bernard : elle entra chez elle, fut enchantée de l'honnêteté de son mari, jeune encore, et qui berçait sur ses genoux un enfant âgé au plus de quatre à cinq mois. On servit un souper frugal, et Jeannette raconta à ses hôtes le peu de succès qu'elle avait obtenu dans la recherche de Jacques et sa fille Thérèse. A peine eut-elle prononcé ces noms, que la femme Bernard s'écria : Quoi ! c'est Thérèse que vous cherchez, madame ? Eh, vous la voyez ! c'est moi qui suis la fille de ce bon Jacques, et que

j'ai

j'ai perdu il y a dix-huit mois. Forcée, par des malheurs, à vendre ma chaumière à une femme jalouse et méchante, je me suis mariée depuis à ce brave homme ; et le ciel, en nous envoyant un enfant, a béni nos trvaux et mon petit commerce, qui va bien selon notre ambition et notre manière d'exister.

Eh quoi ! c'est vous que le ciel me fait rencontrer par hasard, s'écrie à son tour Jeannette ! O mon Dieu, je te remercie ! Je craignais bien de m'en retourner sans savoir ce que je voulais apprendre ! — Que désirez-vous ? — Avez-vous entendu quelquefois votre père parler d'une pauvre petite Jeannette, abandonnée par son frère, votre oncle, et reléguée aux Enfans-Trouvés, le jour de l'Ascension, il y a vingt-huit ans de cela ? — Comment ! sans doute ! Et il y a deux ans qu'une sœur de l'hospice vint nous voir, et nous apprendre que cette Jeannette existait : nous l'attendions à tout

Tome II.   D

moment ; elle n'est pas encore venue. Serait-ce vous ? — Moi-même ! Ah, mon dieu, Bernard ! Regarde donc ? Voilà la fille de M. Déricourt !... cette enfant qu'on a tant pleurée ! qui était née pour être si heureuse ! Ah, mademoiselle ! que je suis ravie de vous voir ! Votre père n'est plus ; mais il vous reste une mère, oh, bien estimable, et qui sera bien contente de vous revoir ! — Où est-elle, madame Bernard ? — Ah, pardi, à deux pas d'ici : c'est notre bienfaitrice ; c'est elle qui a daigné nous aider de sa bourse au moment de la mort de mon père ; c'est elle enfin qui nous a mariés ! — Quoi ! ma mère serait dans cette ville ? — A deux maisons plus bas. Mon dieu, que vous serez étonnée quand vous la verrez ! quand vous apprendrez ses malheurs, ceux de son époux ! C'est une femme jeune encore, quarante-huit ans au plus. Belle, grande, bien faite : eh, tiens, Bernard, vois donc si ce n'est pas là tout son portrait?... Ah! il est frappant; et, à cette seule ressemblance, j'aurais dû deviner que vous êtes sa fille. Allons, demain matin, pas plus tard que demain matin, nous irons la voir ensemble. Quelle sera sa joie! et combien j'éprouve de plaisir à reconnaître ce qu'elle a fait pour moi, en lui rendant sa fille!

Jeannette questionna beaucoup la bonne Bernard, qui lui apprit seulement que son père était autrefois un militaire distingué. Quant aux infortunes qui avaient traversé sa vie, la femme Bernard les taisait: c'était, disait-elle, le secret de madame Déricourt; elle seule avait le droit de le révéler. Ai-je des frères, des sœurs, demanda Jeannette? Point du tout, mademoiselle; vous êtes fille unique, et vous serez bien riche un jour!—Si je le suis, bonne et sensible femme, vous ne ferez plus, je l'espère, un métier aussi peu lucratif.

Jeannette passa une nuit inquiète,

agitée; elle fit des rêves sinistres; il lui sembla même que sa bonne amie Cécile était tourmentée, l'appelait à son secours, et lui reprochait de faire son malheur par une démarche inconsidérée. Jeannette se réveilla triste, les yeux baignés de larmes, et son cœur battit violemment en pensant au moment prochain qui allait la réunir à sa mère, à une grande dame étrangère pour elle jusqu'à ce jour.

La femme Bernard la fit déjeûner; et s'apercevant de son trouble, elle fit tous ses efforts pour la rassurer, pour lui donner du courage. Bernard se rendit ensuite chez madame Déricourt, pour savoir si elle était visible. Il trouva cette dame, lisant une lettre qui paraissait lui faire beaucoup de plaisir. Bernard saisit ce moment pour la prévenir sur le bonheur inespéré que le ciel lui envoyait. Il lui apprit que sa femme avait retrouvé Jeannette, et que tous deux allaient venir se jeter dans ses bras. Rien n'égala l'alégresse de madame Déricourt que son impatience de voir, d'embrasser sa fille. Bernard revint chez lui; et Jeannette, sûre enfin de la bonne réception qu'on allait lui faire, suivit la bonne Thérèse, qui la présenta à sa bienfaitrice: est-il bien vrai, s'écrie madame Déricourt en apercevant Jeannette? Est-ce là cette enfant du malheur? Etes-vous ma fille, Jeannette, et ne me berce-t-on pas d'une vaine illusion? — Madame, ce papier déchiré, trouvé près de moi.. — Oui, ce papier, je le reconnais, j'en ai l'autre moitié; je viens de la retrouver: c'est bien cela; en les rassemblant on y lit:

« *Cette enfant s'appelle Jeanne Victoire*
 » *Déricourt: elle a été*
 » *baptisée le jour d'hier; mais sa naissance*
 » *a comblé les malheurs de*
 » *son père. Si vous plaignez la cruelle des-*
 » *tinée qui le force à s'en*

» *défaire*, n'accusez ni son cœur ni son
» indifférence pour
» sa mère. La fatalité qui a poursuivi ces
» infortunés, se las-
» sera peut-être de les persécuter. Un jour,
» on se présentera aux Enfans-
» Trouvés, où l'on est prié de garder ce
» précieux dépôt qu'on ira re-
» connaître. »

Pour ces deux lignes en bas, ajouta madame Déricourt, *passant, ayez pitié de l'enfance abandonnée*, elles sont de la main de Ferrant, de ce domestique infidèle, qui... Mais ne pensons qu'au bonheur de te revoir, ma fille ! Comme elle est grande, belle ! Elle me ressemble ; n'est-ce pas, Thérèse, qu'elle me ressemble ? —C'est ce que je lui ai dit, madame, répondit Thérèse ; elle est tout votre portrait, et cette preuve suffirait seule pour ne pas douter de sa naissance ! — La voilà donc enfin, après vingt années de privations ! Voilà cette fille de l'homme que la fatalité a poursuivi jusqu'à la mort! Pauvre Félix! tu es mort sans avoir joui du bonheur d'embrasser ta fille! Que ne peux-tu sortir de ta tombe pour partager la douce ivresse de ta veuve inconsolable! Madame...—Appelle-moi ta mère, Jeannette; que ce nom si doux frappe pour la première fois l'oreille de celle qui t'a donné le jour! Je crois n'avoir rien en moi qui t'en impose : tu dois être libre de m'exprimer ta tendresse, comme je le suis de te serrer dans mes bras!

Jeannette répondit aux tendres effusions de cette bonne dame; et soudain, pour récompenser Thérèse et son mari du zèle qu'ils avaient mis à lui rendre sa fille, madame Déricourt exigea qu'ils quittassent tous les deux leur état. Bernard fut retenu pour être concierge de la maison, et Thérèse entra au service de Jeannette, qu'on n'appela plus que mademoiselle Déricourt. Pour moi, qui suis son historien, je me plairai encore à lui donner, pendant quelque temps, son premier nom, sous lequel elle nous a déjà bien intéressés. Jeannette donc, enchantée de retrouver une mère tendre, et qui lui paraissait si empressée à combler ses vœux, Jeannette bénit sa destinée, et, dès le même jour, elle écrivit à sa chère Cécile l'heureux changement qui venait de s'opérer dans sa situation.

CHAPITRE XXIV.

Il va vîte en amour.

Jeannette fut questionnée, comme on doit le prévoir, par sa mère, sur tout ce qu'elle avait éprouvé depuis sa naissance. Jeannette raconta l'histoire de son adoption par des bienfaiteurs qui n'étaient plus, et elle fit partager à sa bonne mère l'intérêt qu'elle éprouvait pour l'infortunée Cécile, dont néanmoins elle tut l'aventure avec Saint-Ange. Madame Déricourt, les larmes aux yeux, pénétrée de reconnaissance pour ceux qui avaient accablé sa fille de bienfaits, s'écria : Mon enfant, cette Cécile, il faut l'aider, il faut la secourir : faisons mieux, engage-la à venir passer sa vie ici près de nous : c'est un bien faible dédommagement des bontés que ses parens ont eues pour ton enfance abandonnée. — Ah, ma mère ! répondit Jeannette, quel excellent cœur est le vôtre ! Combien je suis heureuse de vous appartenir ! Cécile, mon amie ! Elle ne connaîtra donc plus le travail, l'indigence ! Je vais, je vais lui écrire cette heureuse nouvelle !.... Madame, vous aurez désormais deux enfans qui vous chériront bien tendrement !....

Jeannette écrit une seconde lettre à Cécile ; et, d'après ce qu'elle lui a dit avant son départ, *qu'elle ne peut rougir des bienfaits de l'amitié*, Jeannette ne doute pas que son amie ne s'empresse de se rendre près d'elle, et, satisfaite, elle attend sa réponse.

Pendant ce temps, des ajustemens élégans viennent remplacer ses simples habits ; des bijoux précieux ajoutent au charme de sa parure; elle prend, en un mot, le ton convenable à son état, à sa fortune. Madame Déricourt la présente partout, à ses amis, à ses voisins, et chacun reste enchanté des grâces et de l'esprit de sa fille.

Cependant, quand les premiers momens de visites et de fêtes sont passés, Jeannette prend la liberté de demander à sa mère le secret de sa naissance, et ce qui a pu résoudre son père à l'abandonner ainsi à la froide pitié des étrangers. Madame Déricourt la fait asseoir, et lui parle ainsi :

« Tu n'as pas aimé, ma fille ; tu me l'as dit, et je te crois. Tu n'as donc pas hérité du cœur ni des passions funestes de tes parens ; et c'est un vrai bonheur pour toi. Écoute-moi, Jeannette : tu vas apprendre une histoire bien singulière, et qui paraîtra sûrement un conte à tout être indifférent, peu propre à juger le cœur humain.

« Félix Déricourt était le plus jeune fils de M. le comte Déricourt, maréchal-de-camp. Félix avait deux frères plus âgés que lui, mais d'un caractère bien différent du sien. Félix était doux, timide, vertueux. Octave et Roland étaient orgueilleux, ambitieux et débauchés. Le vieux maréchal préférait ses deux fils aînés ; en sorte que Félix, engagé de bonne heure dans l'état militaire, fut expulsé de la maison paternelle, et se vit seul, livré à lui-même, errant de ville en ville, de garnison en garnison, sans recevoir des lettres de son père, qui était resté veuf de bonne heure. Un officier du corps de Félix était le seul ami digne de lui qu'il eût pu rencontrer. Cet officier, nommé Briceval,... »

Ici Jeannette interrompit sa mère : Briceval ! dit-elle, ce nom me rappelle des souvenirs !.... Il y avait dans mon enfance un monsieur de Briceval qui était l'ami intime de la maison d'Eranville. Il avait un fils de six ans qui... — Cela se peut, répondit madame Déricourt ; laisse-moi continuer, mon enfant ? Briceval donc était fils d'un homme de condition ; Jules, son aîné, passa dans les îles, et fut long-temps sans donner de ses nouvelles. Leur père à tous deux étant mort, sa femme avait fait la sottise de se remarier, et d'épouser un homme sans nom comme sans état. Tu sais qu'autrefois on appelait cela déroger. Cette femme mourut en peu de temps, ainsi que son époux ; et il ne resta de leur union qu'une fille en bas âge, qui, orpheline, fut confiée aux soins de Briceval son jeune frère du premier lit. Roselle, c'était le nom de cette jeune enfant, était
élevée

élevée par son frère, qui l'avait mise en pension dans cette ville, chez une nommée madame Robert, ancienne amie de la famille des Briceval.

» Le jeune Briceval, qui ne partageait pas le préjugé qui couvrait de l'idée de roture la naissance de sa sœur Roselle, avait pour cette jeune personne tous les soins d'un père tendre, d'un tuteur délicat. Elle avait seize ans lorsqu'il vint la voir à Chartres, accompagné de son ami Félix. Félix ne put résister aux premiers traits de l'amour, qui percèrent à la fois son cœur et celui de Roselle; et tandis que celle-ci rêvait sur le changement qui venait de s'opérer en elle, Félix s'en retourna triste, pensif avec son ami, qui, sans prévoir le mal qu'il lui faisait, ne cessa pas de faire l'éloge des charmes et des talens de sa sœur. Voilà donc Félix amoureux; le voilà soupirant, cherchant la solitude, cachant l'état de son cœur à tout le monde, à son ami le premier, qui crut que sa mélancolie provenait des mauvais traitemens que sa famille lui faisait éprouver. Félix sentit bien que jamais son père ni ses frères ne consentiraient à son hymen avec une fille sans nom comme sans biens; et cette certitude, loin d'affaiblir son amour, sembla l'accroître davantage. Irrité par les difficultés qu'il prévoyait, Félix se livra sans réserve à sa passion, et la nourrit, le plus souvent qu'il put, de la vue de celle qui en était l'objet. Félix pressait souvent son ami de faire des voyages à Chartres, pour y voir la jeune Roselle. Briceval, sans soupçonner le motif de son ami, y consentait, et chaque entrevue augmentait la tendresse des deux amans, qui s'entendaient très-bien sans s'être jamais communiqué leurs mutuels sentimens.

» Félix était vif, étourdi, entreprenant; il voulut à tout prix obtenir celle qu'il aimait, et l'excès de la passion le rendit coupable envers l'amitié. Madame Robert, chez laquelle Roselle était élevée, était une de ces femmes sans principes comme sans délicatesse. Elle n'aimait point Roselle à qui elle trouvait mille défauts, et qu'elle aurait été bien aise d'éloigner de chez elle. Félix, après avoir bien étudié le caractère de cette femme, forma un projet hardi, et qui ne peut trouver d'excuse que dans l'excès du délire qui troublait sa raison. Félix sentait bien qu'il ne pouvait mettre Briceval dans sa confidence, ni obtenir son agrément pour les desseins qu'il se proposait : en conséquence, après avoir combattu entre l'amour et l'amitié, il donna la préférence à celui de ses deux sentimens qui le dominait davantage. Félix prétexte auprès de Briceval une lettre de son père qui le rappelle près de lui : il quitte son ami, désolé de le perdre ; il embrasse cet ami ; non sans remords de sa conduite, car il va lui porter un coup mortel ; puis, au lieu de retourner chez M. Déricourt, il va droit à Chartres, chez madame Robert, à qui il demande à parler en particulier. J'aime, lui dit-il, j'adore mademoiselle Roselle: je suis prêt à l'épouser en secret pour le moment ; car je n'obtiendrai qu'à la longue le consentement de mon père ; mais je l'obtiendrai. J'ai, à Paris, une tante qui me chérit ; c'est dans cette maison respectable que je conduis sur-le-champ votre belle pensionnaire, si vous y consentez.

» La Robert fait des difficultés. Une somme d'or la décide, et cette femme méprisable se ligue avec un insensé pour plonger l'innocence dans un piége affreux. On fait descendre Roselle. On lui dit que son frère l'envoie chercher ; on lui laisse à peine le temps de faire ses préparatifs de voyage ; et la jeune Roselle, sans méfiance, comme sans expérience, ajoute foi au mensonge qu'on lui fait. Une chaise de poste est à la porte ; elle y monte, après avoir embrassé la perfide Robert, et la voilà seule, en tête-à-tête avec un étranger, à la merci de cet amant ardent et passionné.

» Je ne te dirai point, Jeannette, de quels divers sentimens je fus agitée, quand je me trouvai seule avec Félix ; car c'est moi qui suis cette infortunée Roselle à qui cette démarche préparait tant de malheurs ! La voiture nous amena en un jour jusqu'à Paris, ville que je n'avais jamais vue, et où je ne croyais pas trouver mon frère, sachant qu'il était d'un autre côté. J'en fis l'observation à Félix, qui me répondit : Cela est vrai..... Il est ailleurs pour le moment, mais il nous rejoindra, mademoiselle ; il est sûr qu'il nous rejoindra à Paris.

» Félix ne pensait guères sans doute qu'il lisait si bien dans l'avenir. Je fus fort étonnée, quand Félix prit un domicile dans Paris, de voir qu'il m'y faisait passer pour sa sœur.

E 3

je voulus parler ; il me dit tout bas : Ce soir, mademoiselle, je vous expliquerai ce mystère. En effet, le soir, quand je me trouvai seule avec lui, dominée par de funestes pressentimens, je lui demandai le but de cette conduite, qui avait lieu de me surprendre. Roselle, s'écria-t-il en se jetant à mes pieds, vous voyez en moi un amant qui a employé la ruse pour vous posséder ; mais un amant timide, respectueux, qui brûle d'obtenir de vous son pardon, et un retour digne de sa tendresse. — Eh quoi ! monsieur, ce n'est donc pas à mon frère que vous me conduisez ? — Que vous importe un frère, quand vous pouvez trouver ici un époux ? — Un époux ! grands dieux ! ..... Vous m'avez trompée, vous ! ..... Laissez-moi vous fuir, homme faux et dangereux ! laissez-moi retourner dans ma paisible demeure ! j'y étais heureuse, je vous croyais vertueux ! — Eh puis-je cesser de l'être à vos yeux !

l'amour est-il un crime? c'est un sentiment qui fait tout excuser. — Non, la séduction, ni un enlèvement..... — Roselle! — Mon frère! ah ciel, que va-t-il penser de moi! — Rien que d'avantageux pour nous deux. Dès que vous aurez consenti à me donner la main, je vous présenterai à Briceval comme mon épouse: il est mon ami; il ratifiera ce doux nœud. — Pourquoi ne lui avez-vous pas demandé son aveu? il avait donc des raisons pour ne pas le donner? — Aucune; de sa part il n'y a rien à craindre; mais, Roselle, j'ai un père vain et ambitieux... Briceval aurait craint... Roselle, votre main, et nous mettrons à la raison et mon père et mon ami!

» Je ne l'écoutai plus; je pleurai, je l'accusai, je voulus sortir, retourner à Chartres. Mais, Jeannette, te l'avouerai-je? l'amour parlait à mon cœur en faveur du perfide; il prenait sa défense, et me faisait sentir que de tous les malheurs qui

E 2

pouvaient m'arriver, celui de le fuir, de me séparer de lui, était le plus douloureux... Je pleurai toujours; je ne cédai point, mais je restai. Pour abréger, Jeannette, tu sauras que des amis, une bonne parente qu'il avait à Paris, les larmes, les prières, tout fléchit ma résistance, et j'eus la faiblesse de contracter avec lui un hymen secret !...

» Cependant Briceval, ne recevant point de lettres de son ami, qu'il supposait bien loin, ni de moi qu'il croyait toujours chez madame Robert, courut à Chartres, et resta fort étonné d'apprendre, que Félix était venu me chercher en son nom. Briceval fit les reproches les plus sévères à la Robert, qui, jouant parfaitement la surprise, s'excusa de sa complaisance sur l'amitié qui liait Félix à Briceval, amitié qui ne lui avait donné aucun soupçon sur les intentions du premier. — Où sont-ils allés, madame, ces perfides?

— Je l'ignore, monsieur, puisqu'ils ne sont pas près de vous !

» Briceval est furieux ; il jure qu'il retrouvera sa sœur, qu'il se vengera d'un traître... Mais où les trouver?... Pendant qu'il voyage, qu'il cherche, qu'il s'informe, il nous arrive une aventure que nous devions prévoir, et qui commence le cours de nos longues infortunes... Mais attends, Jeannette : que nous veut Thérèse? »

CHAPITRE XXV.

Où l'on verra paraître et disparaître plusieurs héros.

Ici madame Déricourt est interrompue par Thérèse, qui donne une lettre à Jeannette ; Jeannette, par discrétion, veut en remettre la lecture à un autre moment : sa mère l'engage à satisfaire sur-le-champ

E 5

sa curiosité : C'est, mon enfant, lui dit-elle, c'est sans doute une lettre de Cécile, de ton amie ? — Non, madame ; je le croyais d'abord, et mon cœur palpitait déjà bien délicieusement ; mais cette lettre est d'une écriture qui m'est absolument inconnue. Vous le permettez ? voyons de quelle part elle me vient.

Jeannette lit tout haut :

« Mademoiselle, je suis la proprié-
» taire de la maison où vous de-
» meuriez à Paris avec mademoiselle
» Dascourt... »

Jeannette s'interrompt : Dascourt, ma mère, est le nom que mademoiselle d'Eranville avait pris dans cette maison, pour ne pas compromettre celui de sa famille, livrée à l'indigence : poursuivons.

» Avec mademoiselle Dascourt.
» Excusez-moi si j'ai le courage de
» vous affliger en vous apprenant
» un événement affreux.... Votre
» amie.... Elle n'a pu ni recevoir,
» ni lire une seule de vos lettres,

» Le jour même de votre départ...
» que dis-je? c'était le soir, un
» exempt est venu, chargé d'un
» ordre pour enlever mademoiselle
» Dascourt, pour la conduire dans
» une prison d'état. L'exempt et sa
» suite me l'ont ravie, mademoi-
» selle; ils l'ont arrachée de mes
» bras... J'ignore où ils l'ont con-
» duite. Bien loin sans doute; car
» ils parlaient de cent lieues au
» moins... Le lendemain, j'ai voulu
» faire savoir cette nouvelle à M. de
» Verneuil, votre ami; mais il était
» parti pour le grand voyage qu'il
» méditait. Un incident avait pressé
» son départ : je n'ai pu trouver de
» défenseurs à cette jeune personne,
» victime sans doute d'une erreur;
» car elle est si sage, si modeste!
» c'est un ange qu'on persécute!...
» Pardon, mademoiselle, si j'ai
» pris la liberté de décacheter votre
» dernière lettre! mais je ne pouvais
» vous laisser ignorer l'accident

E 6

» arrivé à votre amie, et qui doit
» bien affecter votre sensibilité !

» J'ai l'honneur d'être, etc.

Fare, veuve Aubry. »

Qu'on juge de l'état de Jeannette après la lecture de cette fatale lettre ! Cécile enlevée par un exempt !.... conduite on ne sait où !.... et le jour même du départ de Jeannette ! elle a quitté son amie au moment du malheur !.... Et qui la poursuit donc? Pourquoi ? Quels sont les barbares?

Jeannette se livre au désespoir, et veut partir sur-le-champ pour Paris. Il faut qu'elle s'informe de son amie, qu'elle la retrouve!... Madame Déricourt emploie toute la force de sa raison et de sa prudence pour calmer sa fille éplorée. Elle en vient à bout ; mais Jeannette persiste toujours dans son projet d'aller à Paris. Madame Déricourt y consent, et veut même l'accompagner;

mais la journée est avancée; il faut remettre ce voyage au lendemain matin. Que ce délai paraît long à Jeannette ! il est forcé néanmoins ; il faut y souscrire : madame Déricourt la voyant un peu consolée, reprend en ces termes le fil de sa narration :

« Mon récit ne sera pas long, mon enfant : peut-être t'intéressera-t-il peu à présent ; cependant je te crois assez de fermeté pour faire trêve un moment à ta douleur : les malheurs de ta famille doivent te toucher autant que ceux de tes amis ; et d'ailleurs, il est important que je te révèle le secret de ta naissance, afin que tu puisses te soumettre ensuite à ce que j'attends de toi.

» Nous étions donc à Paris, Félix et moi, heureux, tranquilles, et moins époux qu'amans, lorsqu'un jour que je me trouvai seule, je vis entrer deux militaires, qui, d'un air cavalier, et sans m'ôter leur chapeau, me demandèrent si c'était la demeure de monsieur Félix Déricourt ? — Oui, messieurs. — Il n'y est pas ? — Il va rentrer dans l'instant. — Nous allons l'attendre.

» Ces deux insolens s'asseyent, ricanent; et me fixant, l'un dit à l'autre : C'est la petite dont on nous a parlé ! — Qu'en dis-tu, Roland ? — Et toi, Octave ? — Elle n'est pas mal. — Oui, pour un caprice.

» La rougeur couvre mon front, et je suis prête à tomber en faiblesse lorsque Félix entre, et reste frappé d'étonnement en reconnaissant ses deux frères. Vous ici ? leur dit-il avec fierté. — Tu vois, nous venons te faire compliment sur ta conquête : elle est gentille, mais cela n'est pas sérieux sans doute ? — Très-sérieux !.. Et je vous prie de cesser, ou de vous retirer. — Doucement ! nous sommes chargés de l'ordre de notre père qui est à Paris avec nous, et qui vous rappelle près de lui. — Mon père est ici ? — Il vous ordonne de nous suivre. — Ciel ! jamais !... — Sans quoi, monsieur, une bonne lettre de cachet lui répondra de vous et de cette fille. — Sortez, méchans ! sortez, et allez dire au barbare qui vous envoie que rien ne brisera le nœud qui m'attache pour jamais à cette estimable personne.

» Les frères vont repliquer ; mais un autre militaire se présente ; et sa vue accroît mon trouble et la confusion de Félix ; c'est Briceval lui-même !...

» C'était la journée aux surprises. Te dire, Jeannette, comment tous ces importuns avaient découvert notre asile, et se rencontraient là par hasard en même temps, serait entrer dans des détails minutieux, et que les probabilités des événemens de la vie doivent te faire deviner. Briceval entre donc, et je m'écrie : Mon frère ! — Son frère, reprend Roland Déricourt ! quoi ! c'est cette petite roturière à qui la mère de monsieur a donné le jour ! — Et cette femme serait notre sœur, ajoute Octave en écumant de rage!...

» Félix reste anéanti, tant de l'imprudence de ses frères, que de l'aspect imprévu de son ami, qu'il a trahi. Briceval reconnaît les frères de Félix; il les fixe avec indignation: puis, se retournant vers Félix, il lui dit avec douceur : Est-elle en effet ton épouse ? — Elle l'est, répond timidement Félix. — Et bien, j'approuve ces nœuds, reprend Briceval, et je les soutiendrai contre tous les insolens qui oseront y trouver à redire! — Sortons, mon frère, interrompt Octave; laissons ces gens s'énorgueillir du déshonneur de notre famille!...

» Ils sortent, et Briceval les suivant jusque sur l'escalier, leur crie: Je vous retrouverai, messieurs!

» Briceval, seul avec nous, nous adresse d'abord de justes reproches; mais il se calme enfin : Et comment, nous dit-il, comment, ingrats que vous êtes, n'avez-vous pas eu assez de confiance en moi pour me révéler votre secret ? croyez-vous que je n'eusse pas consenti à votre bonheur? et ne savez-vous pas que moi-même j'ai été sensible à l'amour ?... Apprenez que je suis comme vous, mais en secret aussi, époux et père ? Oui, j'ai un fils de deux ans, et j'ai épousé une femme charmante, mais dont la naissance est bien plus obscure que celle de Roselle. Tu me regardes, Félix, et tu as peine à croire, toi qui me quittais rarement, qui voyageais avec moi, que j'aie pu, pendant ce temps, filer une intrigue ? Félix, le même préjugé qui t'engageait à me cacher ton amour pour ma sœur, me forçait au silence avec toi; nos cœurs étaient dignes de s'entendre, mais ils se taisaient !... Venez donc dans mes bras, couple heureux et que j'aime ; venez embrasser un homme qui est encore plus votre ami que votre frère !...

» Nous serrons contre nos deux cœurs ce généreux parent; et notre bonheur n'est troublé que par les terreurs de Félix à la seule idée que son père est à Paris. Il ignore son adresse ; ses frères sont partis sans la lui donner : s'il savait où trouver ce père irrité, il irait se précipiter à ses pieds ; il tâcherait d'obtenir son pardon : mais où est-il ?.... Circonvenu par Octave et Roland, il est capable de se porter aux dernières extrémités envers Félix, qu'il n'a jamais aimé : quelle situation !

» Briceval passa la journée avec nous, et à son départ mon époux se sentit plus de courage, plus de fermeté à braver les coups du sort.

» Le lendemain matin, nous reçumes cet affreux billet de Briceval.

« Je suis perdu, si je ne fuis, Félix ! hier soir tes deux frères, que j'ai rencontrés, m'ont insulté ; je les ai défiés, ils m'ont attaqué ensemble et comme des lâches ! j'en ai couché un sur le carreau ; l'autre est grièvement blessé : ils ont crié : à l'assassin : je n'ai eu que le temps de me sauver. Je pars ; je ne sais où je vais ; je crains tout de la vengeance de leur père : tâche de t'y soustraire: car, dans son désespoir, il est capable de tout. Adieu !... »

Cette fatale nouvelle me priva de toute connaissance !..... J'étais enceinte ; je te donnai le jour ; mon enfant, un mois avant le terme prescrit à ta naissance !... Juge de l'embarras de mon époux ! il fait soudain baptiser sa fille, et revint chez lui ; mais, ô surcroît de douleur ! la maison est pleine d'archers ! un exempt montre à Félix une lettre de cachet... On demande l'époux, l'épouse, jusqu'à l'enfant !... C'est une confusion, un désordre épouvantables !.... Mon époux prend soudain un parti violent ; il écrit une lettre, la déchire en deux, en donne la moitié à Ferrand, son domestique. Prends ce papier, lui dit-il si bas que je ne pus l'entendre ; porte-le avec l'enfant aux Enfans-Trouvés : c'est le seul asile sûr que je puisse lui donner contre la rage de ses persécuteurs : un jour nous le retrouverons peut-être !...

» Ferrand s'échappe en secret avec l'innocente créature; il court comme un fou ; mais, dans le parvis Notre-Dame, il s'imagine qu'il est poursuivi : la frayeur s'empare de ses sens : il n'a pas la force d'aller jusqu'à l'hospice, et dépose l'enfant, le papier, dans la première allée qu'il trouve ouverte. Il en sort comme un insensé, revient chez son maître, apprend qu'il est enlevé par les gens de justice, et se sauve pour jamais de la maison, jusque dans son pays, ici, près de Chartres, où il raconte tous ces événemens à son frère Jacques.

» En effet, à peine Ferrand était-il parti, que mon époux fut entraîné par l'exempt et sa cohorte : il ne put que me crier : Roselle, Roselle ! ne sois pas inquiète de ta fille ; elle est en sûreté ; un jour....

» Il ne put m'en dire davantage ; en sorte que j'ignorai long-temps ce qu'était devenu mon enfant !...

» Quelle secousse pour une femme qui vient de donner le jour à un être ! Je restai long-temps dans le délire du désespoir ; et sans doute, sans cet état cruel dont mes bourreaux eurent quelque pitié, les monstres m'auraient fait partager le sort cruel de mon époux. Je dus mon rétablissement aux soins de quelques voisins charitables ; et quand je recouvrai ma raison, j'appris, par une lettre de mon époux, qu'il était enfermé à Saint-Lazarre, par le fait de son père, qui en avait obtenu l'ordre injuste et barbare. Mon époux m'écrivait que toutes ses lettres étaient lues, et qu'il ne pouvait me donner d'autres détails que ceux qu'on lui permettait de me transmettre. Il m'apprenait qu'on ignorait l'asile où s'était caché Briceval;

que Roland, tué par lui, était mort sur-le-champ; mais qu'Octave, blessé seulement, l'avait accusé d'assassinat. Son père avait intenté un procès criminel, par contumace, au prétendu assassin, et vu le rang de M. Déricourt et ses protections, tout portait à croire qu'il obtiendrait un jugement avilissant pour Briceval et sa famille....

» Mon époux ne me disait point où il avait mis sa fille dans l'excès de son désespoir : il pensait sans doute que je connaissais son asile par Ferrand qu'il présumait toujours près de moi; mais ce domestique avait disparu dès le jour de notre malheur, et j'étais plongée dans la plus cruelle ignorance sur le sort de mon enfant. Je répondis à Félix; mais ma lettre ne lui parvint point, et l'on poussa la cruauté jusqu'à intercepter toutes les siennes. Je fus avertie aussi qu'il y avait du danger pour moi à rester à Paris. Dès lors, aidée d'une amie rare, qui avait quelques modiques rentes et un peu de terre dans la Picardie, je fus m'établir avec elle dans les environs d'Amiens. J'espérais obtenir un jour la liberté de mon époux, et je cherchais par-tout des protections : mais l'innocence en trouve-t-elle ?

» Quatre années s'écoulèrent, au bout desquelles j'appris la mort du père de mon époux. Ce vieillard, depuis quelque temps, semblait avoir abandonné le procès qu'il faisait au contumace Briceval. On me dit même que ce dernier, plus tranquille sur les suites de ce procès, était revenu à Paris, où il demeurait du côté du faubourg Saint-Germain, avec son fils seulement ; car il avait perdu son épouse. Je revins alors à Paris moi-même, où je fis l'impossible pour découvrir mon frère ; mais toutes mes recherches furent infructueuses : et comment en effet trouver quelqu'un qui se cache dans cette grande ville !....

» Je fis de nouvelles démarches pour obtenir la liberté de Félix, et je l'eus à la fin; mais, ô regrets! Félix, affaissé sous le poids du malheur, était hors d'état d'en profiter. Un mal incurable le conduisait insensiblement au tombeau; et, au moment où j'allais l'arracher de sa prison, je reçus de lui cette lettre, les derniers mots qu'il ait pu tracer:

« J'apprends, ma chère Roselle, que mon père est mort, et que mon frère Octave s'est emparé de tous ses biens. On m'assure aussi que tu peux briser mes fers... O ma digne épouse! comment t'apprendrai-je le coup qui va me frapper! garde, garde tes soins pour notre enfant, que tu peux maintenant retirer de son triste asile... Je meurs, j'expire, ma Roselle; et quand tu recevras cette lettre, peut-être ton époux aura-t-il cessé d'exister!... Je meurs, mon amie, victime de l'amour, victime sur-tout de la rigueur d'un père

père trompé... Hélas! il m'attend; ce n'est que dans l'autre vie qu'il connaîtra le cœur de son fils. Adieu, Roselle, adieu pour jamais. »

« Cette lettre fut un coup de foudre pour moi. Je me rendis à la prison, où l'on m'apprit que je venais de perdre mon époux..... Dans ma douleur je voulus aller accabler de reproches l'infâme Octave. On m'en empêcha; mais des gens qui suivirent mes affaires, forcèrent ce frère cupide à restituer la moitié de l'héritage de son père. Il y fut contraint, et s'en vengea, en renouvelant le procès criminel que son père avait intenté à mon frère : Octave avait découvert à Paris l'asile de Briceval. Ce dernier se sauva, et échappa une seconde fois aux piéges que lui tendit son ennemi : mais, hélas! Octave gagna son procès, et Briceval, quoique absent, fut condamné à une fin infamante!

» Je t'épargne, Jeannette, le détail des pleurs que je versai en ap-

Tome II. F

prenant cette triste nouvelle. J'étais alors à la campagne. Briceval, qui, par le bruit qu'avait fait mon procès avec Octave, avait découvert mon asile, vint m'y trouver avec son fils, âgé de six ans et demi environ. Nous pleurâmes long-temps ensemble; et ce fut à cette époque que Jules de Briceval, frère aîné de l'infortuné, revint des îles, possesseur d'une fortune considérable. La voix publique lui apprit nos malheurs et l'opprobre qu'une injuste condamnation répandait sur son nom. Il vint me voir, gronda d'abord; mais convaincu de l'innocence de son frère, il le consola, et jura de tirer vengeance de son ennemi. Briceval ne put survivre à sa honte. Nous le perdîmes chez moi; il expire de douleur dans nos bras, après nous avoir demandé pour faveur dernière que, si nous retrouvions jamais ma fille Jeanne-Victoire Déricourt, elle fût unie à son fils. Il en donna même l'ordre à ce jeune enfant à genoux près de son lit, et Briceval mourut persuadé qu'un jour prospère me rendrait ma fille, et que je réparerais tous les maux que je lui avais causés par mon secret mariage, en unissant ces deux enfans du malheur !....

» Dès qu'il eut fermé les yeux, Jules, mon frère aîné, se chargea de l'éducation du jeune Briceval, son neveu ; il prit cet enfant avec lui ; et, pour se soustraire à l'opprobre dont son nom était entaché, il en changea, en donna un supposé à l'enfant, et l'emmena voyager avec lui. Ainsi, je restai seule à ma douleur, à mes regrets ! Un événement vint accroître ma fortune ; Octave, ce méchant frère de mon époux, fut tué en duel (j'ai toujours soupçonné Jules d'avoir vengé Briceval) ; et mon contrat me donnant des droits à sa succession, je me vis l'héritière de toute la fortune des Déricourt. J'étais riche, Jeannette, mais toujours malheureuse. J'ignorais ce qu'était devenue ma fille.....

mon époux était mort, et n'avait point découvert l'asile au fond duquel il l'avait cachée... Cependant, il y a deux ans de cela tout au plus, j'étais venue me fixer ici dans cette ville, lorsqu'un homme pâle, défait, vint un jour se jeter à mes pieds : Eh quoi ! s'écria-t-il, est-ce madame Déricourt que je vois ! ah ! que vous allez soulager mon cœur, chargé, depuis long-temps, du poids d'un remords bien cruel.... Reconnaissez Ferrand, madame, l'ancien domestique de votre époux, celui a qui, dans un moment affreux, il confia votre enfant nouveau né !....

» Emue, j'interroge cet homme; il m'apprend l'abandon de ma fille ! Je cours à Paris ; je m'informe à l'hospice des Enfans-Trouvés. On me dit qu'on a confié mon enfant aux soins de deux époux, dont on me donne le nom, l'adresse. Je vole chez M. d'Eranville ; on ne sait ce qu'il est devenu, non plus que son épouse, ni sa fille, ni cette même

Jeannette, orpheline, élevée par eux, et qu'on a bien connue. Toute cette famille est ruinée, me dit-on, plongée dans le malheur, il y a tout lieu de croire qu'elle a quitté Paris !.. Juge de ma douleur, Jeannette ! Je reviens ici : Ferrand n'existait plus ; mais Jacques, son frère, m'apprend qu'une ex-religieuse est venue chez lui, et lui a dit connaître ma fille. Je gronde cet homme de n'avoir pas pris de plus amples informations. Enfin je me résigne ; j'attends du sort qu'il te rende à ma tendresse, et le ciel enfin a daigné m'accorder cette faveur !

» Voilà, Jeannette, le secret de ta naissance, et le douloureux récit des malheurs de ta mère..... une autre fois tu sauras ce qu'elle attend de ta docilité, de ta délicatesse..... Il est tard, Jeannette ; demain nous voyageons ; je remets à un autre jour les détails que je dois te donner, avant de te prescrire mes volontés. »

CHAPITRE XXVI.

On voit bien des mariages comme cela.

Jeannette, d'après une circonstance du récit de sa mère, pressentit le but des ordres qu'elle devait lui prescrire; mais elle n'y fit pas beaucoup d'attention pour le moment. Attendrie des événemens rapides et singuliers qu'on venait de retracer, émue du souvenir de son amie Cécile, victime sans doute d'un ordre arbitraire, Jeannette ne pensa toute la nuit qu'à l'infortunée d'Eranville. Elle se leva, s'habilla à la hâte, et fut rejoindre sa mère, qu'elle trouva prête. Partons, ma fille, lui dit madame Déricourt ; ne perdons pas de temps ; car il nous faut revenir demain ici : après-demain j'attends compagnie, (*elle sourit*) des parens que tu seras sans doute charmée de connaître.

Jeannette et sa mère montent dans la chaise de poste, qui vole à Paris, où elles arrivent un peu avant la nuit. Elles se rendent soudain au logis de Cécile, où elles n'apprennent de la bouche de l'hôtesse, que ce que cette femme leur avait marqué dans sa lettre. Madame Aubry n'en savait pas davantage. Jeannette se fait répéter toutes les circonstances de l'enlèvement de son amie : elle apprend que Cécile s'est écriée en suivant l'exempt : Ah, Jeannette !..... que n'es-tu témoin du malheur de ton amie !.....

Jeannette verse des larmes, et se retire désespérée : le lendemain matin, elle court avec sa mère chez plusieurs magistrats, qui ignorent, ou feignent d'ignorer le sort de Cécile ; et l'après-midi, après avoir épuisé tous les moyens d'être éclairées, la mère et la fille repartent pour Chartres, où les suivent la douleur et le regret.

Madame Déricourt employa mille moyens pour calmer la douleur de sa fille; elle ne put que l'étourdir: Jeannette resta inconsolable. Le lendemain de leur retour, madame Déricourt dit à Jeannette:

« Ma fille, ma chère Jeannette, tu as vu que j'ai fait tout mon possible pour t'aider dans ta recherche; je me suis prêtée à tes moindres vœux; ils prouvaient ta reconnaissance pour ceux dont tu as reçu des bienfaits; ils ne pouvaient que me plaire. A présent, mon enfant, qu'il ne te reste aucun espoir de découvrir les traces de ton amie, attends tout du temps; fais comme ta mère, qui a passé vingt-huit années loin de sa fille, sans espérance de jamais la retrouver, et qui cependant vient d'obtenir cette faveur du ciel. Il est dans la vie, Jeannette, des événemens si extraordinaires, que toute la prudence humaine ne peut ni les calculer, ni les prévoir.

Il n'y a que ceux qui n'ont rien éprouvé, qui doutent des caprices du sort : nous les connaissons nous deux, Jeannette, et nous nous attendons à tout, pour n'être pas surprises !... Ha ça, ma Jeannette, il faut que je te parle d'autre chose.

» Je t'ai dit, je crois, que Jules de Briceval avait emmené son jeune neveu en Amérique? Ils sont revenus en France depuis quelques années : j'ai revu mon neveu ; mais ce neveu n'est plus un enfant, c'est à présent un jeune homme de trente ans, grand, bien fait, et très-aimable. Jules et son neveu ont profité des nouvelles lois pour faire casser le jugement injuste rendu autrefois contre Briceval ; et ils sont parvenus à faire réhabiliter sa mémoire : en conséquence, ils ont repris leur véritable nom, et ce sont eux que j'attends aujourd'hui. Je lisais la lettre qui m'en donne l'assurance, au moment même où Bernard est venu m'apprendre que j'allais embrasser ma fille... Jeannette, je te recommande ce jeune homme; rappelle-toi que son père n'a été malheureux que pour avoir approuvé mon union avec le tien. Souviens-toi que Briceval, en mourant, ordonna à son fils de te donner la main; que je lui promis ton aveu pour cet hymen, et qu'ainsi, dès l'enfance, le jeune Briceval et toi, vous êtes destinés à devenir époux. Ne m'as-tu pas dit toi-même que chez M. d'Eranville, tu nommais le petit Briceval *ton petit mari ?* Heureux pressentiment du lien qui devait un jour vous unir! Il va venir, Jeannette; il sait, ainsi que son oncle, que j'ai eu le bonheur de te retrouver; je leur ai fait savoir cette heureuse nouvelle par un exprès que j'ai envoyé au-devant d'eux. J'exige de toi, mon enfant, que tu t'habitues, dès aujourd'hui, à regarder ce jeune homme comme ton futur époux..... Jeannette, tu ne réponds rien? ton cœur est libre;

tu me l'as assuré? — Ma mère, il est vrai; mais son cœur l'est-il?.... — Mon neveu! oh, je te réponds de son cœur; je n'ai jamais entendu dire qu'il se soit donné à une autre. Sois tranquille sur ce point.... Eh bien, aurais-je de la peine à obtenir de toi la promesse que je désire? — Madame... j'ai toujours fui les liens de l'hymen. — C'est pourtant le but de toute personne honnête et vertueuse. — A mon âge, madame! à vingt-huit ans! c'est bien tard. — Tu n'en sentiras que mieux le bonheur conjugal. — Eh quoi! à peine ai-je le bonheur d'embrasser ma mère, qu'elle me presse de me séparer d'elle! — Jamais, non, mon enfant, jamais je ne vous quitterai, toi et ton époux. Nous vivrons ensemble; et peut-être, avant de mourir, aurai-je le bonheur de te voir mère à ton tour. Oh! donne-moi cette satisfaction? — Madame, permettez-moi de vous objecter.... — Jeannette, songe donc que je suis engagée par un serment fait à un homme expirant, dont les dernières volontés doivent être respectées. J'aurai peine, ma fille, à user des droits que j'ai sur vous; ce n'est qu'à la dernière rigueur que je prendrai sur moi de vous dire: Je l'exige, je le veux.

Jeannette se jeta sur une main de sa mère, qu'elle couvrit de baisers. Bonne mère, lui dit-elle, vous ne serez point frustrée dans votre attente : tant de bonté me pénètre; oui, je vous obéirai : pour peu que mon cousin ne me déplaise pas trop, je.... je l'épouserai. — Oh! il te plaira : c'est un cavalier charmant. Il sait aussi qu'il va voir en toi son épouse; il en est enchanté. — Soyez donc sûre, ma mère, de la soumission de votre fille; mais Cécile, madame, Cécile!.... Est-ce au moment où l'amitié est noyée dans les larmes, que je dois allumer les flambeaux de l'hymen!

Et ses pleurs recommencèrent à couler.... La bonne madame Déricourt s'empressa de les essuyer; elle embrassa sa fille un peu calmée, et l'on annonça messieurs de Briceval.

A ce nom, Jeannette tressaillit. Elle voit entrer un vieillard assez gros et court, mais vif, et d'une physionomie gaie. Voilà l'oncle, se dit Jeannette : pour le neveu, il lui parut bien au-dessus de l'éloge que madame Déricourt en avait fait. Grand, bien fait, doué de toutes les grâces, et d'un ton excellent, son seul aspect décida sur-le-champ Jeannette en faveur de l'hymen projeté. Nous voilà, ma sœur, dit l'oncle à madame Déricourt; mais est-ce là ma nièce, Jeannette, cette enfant d'un frère infortuné? — Vous la voyez, mon frère. — Briceval, poursuit l'oncle, tiens, mon ami, regarde donc ta cousine. Est-elle aimable, hein?... Corbleu, que tu vas être heureux! mais tu la regardes là! embrasse-la donc, nigaud?

Tome II. G

A ton âge, est-ce qu'on m'aurait dit ces choses-là ?... — Mon oncle, répondit le jeune homme avec douceur, c'est une faveur qu'il faut mériter avant d'oser même la demander. — Je suis charmée, interrompit madame Déricourt, que vous trouviez ma fille aimable : eh bien, ses attraits ne sont rien en comparaison des vertus de son cœur. Qu'il sera heureux, celui qui possédera une épouse aussi intéressante !

Briceval soupira, et leva les yeux au ciel. Son oncle, sa tante, et Jeannette elle-même, se persuadèrent que ce soupir était l'effet de l'idée du bonheur dont il allait jouir. Mais vous vous portez bien, mon frère, dit madame Déricourt au gros Jules ; je vous trouve encore engraissé depuis quelques mois que je ne vous ai vu : d'où venez-vous comme cela ? — Bah ! ne m'en parlez pas, ma sœur ; je viens de m'ennuyer à la campagne d'une folle qui m'avait prié d'y diriger quelques travaux. Mon neveu était chez elle, à Paris, pendant ce temps. J'ai fait revenir mon jeune homme; mais dès que j'ai su que la maîtresse de la maison le suivait, crac, je suis parti, et me voilà. — Toujours gai, toujours le même? — Que voulez-vous, ma sœur, j'ai perdu mes dignités, mes croix, une partie de ma fortune; eh bien, je m'en console en pensant que tout cela est sans doute pour le bien général, et je ris, et je bois toujours. — Vous faites bien: j'ai fait une visite à ma cave exprès pour vous; j'ai mis à part des vins!.... — Tant mieux; c'est le trait d'une bonne sœur. Je suis d'avis que nous en fassions sur-le-champ l'examen? — Volontiers.

Madame Déricourt sonne; on apporte à déjeûner; et pendant que l'oncle boit et rit, Jeannette et son cousin s'examinent avec timidité, sans oser se dire un mot. Cependant il semble à Jeannette qu'elle a vu ce jeune homme-là quelque part; et, de son côté, Briceval ne sait s'il n'a pas rencontré Jeannette dans une de ses sociétés. Ils se communiquent réciproquement ce doute, et ne peuvent deviner où ils se sont vus. Au reste, Jeannette est enchantée de son cousin, quoiqu'il paraisse un peu froid et mélancolique. De son côté, le cousin trouve la cousine fort aimable; et ces jeunes gens paraissent bientôt s'entendre très-bien.

Jules et madame Déricourt sont enchantés de voir leurs enfans réunis. La journée se passe en félicitations réciproques, et tout le monde est content. Tout le monde!... ai-je pu généraliser ainsi la satisfaction qui ne brille pas également sur tous les visages!... Briceval est mélancolique; il est honnête, galant même avec sa cousine; mais ressent-il pour elle autant de tendresse qu'elle commence à en éprouver pour lui?...

Jeannette pense aussi sans cesse à son amie, et ce seul souvenir trouble le plaisir qu'elle doit avoir d'un changement d'état aussi heureux pour elle. Cependant la dissipation, l'idée de son mariage, les tendres consolations de sa mère, tout fait quelque diversion à sa douleur, et un mois s'écoule en fêtes, en plaisirs, en préparatifs d'hymen; car tout est arrangé, décidé entre les parens et les jeunes gens. Il n'y a eu pour cela que deux mots de dits entre eux : Mon cousin, je me fais un devoir de remplir le vœu de ma mère. — Ma cousine, l'ordre de mon père est encore présent à ma mémoire. Voilà ce que se sont dit Jeannette et Briceval. Briceval! il a souvent de fréquens entretiens avec son oncle; et il en sort toujours les larmes aux yeux, tandis que la colère sillonne le front du vieillard. Quel est donc le sujet de leurs secrètes conversations? Jeannette le demande à sa mère; sa mère l'ignore comme elle. Madame Déricourt en parle à Jules Briceval : Jules lui répond que ce n'est rien, sinon quelques reproches qu'il fait à son neveu, de ses anciens tours de jeunesse, et voilà tout.

Enfin tout est arrangé. Il est décidé que le mariage des jeunes gens se fera à Chartres, et que tout le monde ira ensuite passer l'hiver à Paris, où madame Déricourt a du bien. Cette bonne mère est charmée de faire jouir ses enfans des plaisirs que cette grande ville offre dans cette saison. Jeannette y va paraître d'ailleurs dans l'état le plus brillant, et il faut qu'elle jouisse de tous les priviléges de son état et de sa fortune. Madame Déricourt, en faveur de cet hymen, a doté sa fille de deux ou trois fermes et d'une bonne terre. Elle a de plus un hôtel à Paris : Jeannette est riche au-delà de ses souhaits, et cependant Jeannette n'est pas contente. Dans le silence de ses nuits, fatiguée des divers plaisirs qu'elle a goûtés dans sa journée, elle se dit : Pendant que je jouis de toutes les aisances de la vie, mon amie souffre, et pleure peut-être dans l'horreur d'une prison ! Ingrate que je suis ! étourdie du chaos des visites, toute entière à la société de mes parens, qui ne me laissent pas un moment de repos, j'oublie Cécile ! Cécile, à qui j'avais promis une amitié constante, que je devais venir retrouver, que je n'avais quittée que dans le projet d'adoucir son infortune ! Cécile, elle m'est ravie ! elle accuse peut-être Jeannette, et Jeannette peut-elle s'arracher des bras de ceux à qui elle est si chère, pour aller chercher son amie ? où ? où, grands dieux ? Sort injuste et barbare, nous as-tu séparées pour jamais ? Ne reverrai-je jamais l'amie de mon enfance, Cécile, que je rendrais aujourd'hui si heureuse ? Que dis-je ? elle ne peut l'être désormais : loin de son amant, loin de son fils, Cécile... cachons à jamais ce fatal secret; que cette faute de mon amie ne sorte point de son cœur ni du mien. Ne couvrons point son nom du cachet du déshonneur; elle en souffre assez, l'infortunée....

Ainsi Jeannette pensait souvent à Cécile; mais elle allait à Paris, et c'était moins les fêtes de ce séjour brillant qui souriaient à son imagination, que le désir de chercher Cécile, de s'informer d'elle, et de parvenir peut-être à s'en procurer des nouvelles. Il lui semblait que, dans le séjour que Cécile avait habité, Jeannette aurait moins de peine à la rencontrer. Enfin, elle se promettait de visiter les magistrats, d'employer toutes les protections possibles pour la découvrir, pour briser ses fers, si elle en était encore chargée. Voilà le seul motif qui faisait désirer à Jeannette le voyage de Paris.

Quant à son mariage, comme il était de convention, arrêté, décidé dès son enfance par des parens au lit de la mort, Jeannette n'y mettait ni retard, ni empêchement. Elle sentait néanmoins qu'elle aimait mieux Briceval que tout autre, et l'hymen s'offrait à ses yeux sous un aspect aimable. Briceval, de son côté, avait l'air d'agir d'après les mêmes principes; il semblait acquitter une promesse, et ne montrer ni amour ni répugnance. Ses procédés étaient honnêtes; mais des yeux plus clair-voyans que ceux de Jeannette auraient vu qu'il se résignait, et qu'il était tourmenté par quelque chagrin secret. Il ne se plaignait point cependant, et son oncle sans doute était le seul qui fût dans sa confidence. Madame Déricourt, aveuglée par l'excès de son bonheur, après tant d'infortunes, croyait ou voulait croire que les jeunes gens s'adoraient. Elle faisait valoir auprès de Jeannette les moindres complaisances de Briceval; et à ce dernier, les moindres mots de

Jeannette étaient interprétés comme des preuves d'amour; en sorte que ces jeunes gens s'épousèrent, persuadés qu'ils étaient amoureux fous l'un de l'autre.

Ainsi se célébra cet hymen, comme tant d'autres qu'on voit souvent, assez froidement, et comme une affaire de calcul et de convention. Quelques jours après, on fixa celui du départ pour Paris : ce jour arriva, mais le vieux Jules, retenu par sa goutte, ne voulut pas accompagner sa famille. Il exigea même qu'elle partît d'avance, lui promettant d'aller la rejoindre bientôt. On le laissa donc aux soins de Bernard et d'autres domestiques intelligens; puis madame Déricourt et ses deux enfans partirent pour aller habiter leur bel hôtel, que la mère avait cédé à sa fille.

———

CHAPITRE XXVII.

Mari comme il y en a tant.

ÉTABLISSONS-NOUS avec nos amis dans leur élégant domicile, situé rue de l'Université, et prenons notre part des bruyans plaisirs qu'ils vont goûter. D'abord Briceval, que son oncle, immensément riche comme l'on sait, avait aussi doté de son côté, donna à sa femme une voiture, des gens, et tous les meubles de fantaisie, ainsi que les ajustemens du dernier goût. Jeannette, (nous servirons-nous encore de ce nom?) madame de Briceval eut les plus beaux diamans, tout ce qu'elle voulut, et il sembla que son époux se fît un devoir de voler au-devant de ses moindres vœux; mais cet époux si généreux, si grand en procédés, bornait là les preuves de sa tendresse: il était toujours triste, mélancolique;

et quand sa femme lui faisait la guerre de sa misanthropie, il soupirait, se levait et sortait. Jeannette s'aperçut bientôt que son époux n'avait pour elle que de l'estime, et même une estime très-froide: elle fit part de cette remarque affligeante à sa mère, qui lui répondit: Mais tu rêves, mon enfant; je ne vois pas cela du tout. Ton mari est plein de procédés, et les petits soins qu'il a sans cesse pour toi, sont, je crois, assez de preuves de sa tendresse.

Jeannette crut sa mère, et elle se fit peu-à-peu au caractère de son mari, qu'elle trouvait d'ailleurs toujours honnête, délicat et empressé de lui plaire.

Malgré la marche rapide de la révolution, l'hiver de cette année fut très-agréable, et offrit mille plaisirs variés. Tous ces plaisirs étaient nouveaux pour Jeannette, qui n'en avait jamais joui. Les concerts du théâtre Faydeau lui plaisaient sur-tout singulièrement : elle était peu musicienne, mais elle aimait la musique ; et, depuis son mariage, elle l'étudiait avec passion. Le célèbre Garat lui paraissait être un chanteur par excellence. Mon dieu ! disait-elle à son mari, comme ce jeune homme a du goût ! et avec quelle âme il fait valoir tout ce qu'il chante ! Madame de VV....... a du talent sans doute aussi, mais elle n'est pas sûre de ce qu'elle chante ; sa voix fraîche et délicieuse tremble, et la timidité paraît étouffer tous ses moyens. — C'est dommage, madame, lui répondait Briceval ; car il est difficile de posséder une voix plus touchante et plus mélodieuse. Si vous voulez l'entendre, ma chère amie, j'ai l'honneur de la connaître, nous arrangerons un petit concert, et vous verrez qu'elle est toute autre dans un salon.

Madame de Briceval fut enchantée de la partie que lui proposait son époux. On prit un jour. Briceval se chargea des invitations, et une société brillante et nombreuse vint embellir cette fête nouvelle pour Jeannette. On la pressa de chanter, elle ne se fit pas prier, et un célèbre compositeur italien l'accompagna au piano. Tout le monde s'entretenait de ses grâces, de ses talens et de son aimable caractère. Briceval remarqua que sa femme était le but de l'attention générale, et son légitime amour-propre en fut flatté.

Cette soirée charmante en amena d'autres chez les personnes étrangères qu'on y avaient invitées, et Jeannette se trouva lancée ainsi dans la société. Les bals succédèrent, puis les thés, nouvelle mode adoptée en France d'après la coutume des peuples voisins, et l'hiver se passa ainsi pour Jeannette en fêtes et en plaisirs de tous genres. Par-tout elle était, sinon la plus jeune, du moins la plus aimable et la mieux mise. Son époux avait la manie de briller, et Jeannette, qui, femme comme une autre, ne haïssait pas la coquetterie, en profitait sans en abuser. Sa mère l'accompagnait par-tout, et cette femme estimable jouissait des éloges qu'on prodiguait à sa fille.

Cependant les préférences accordées à Jeannette par les hommes, et dans tous les cercles, excitèrent la jalousie des femmes. On murmura tout bas que ce n'était pas grand-chose, une pauvre fille, tout bonnement élevée aux Enfans-Trouvés, adoptée ensuite par charité : on publia même qu'un de ses oncles avait mérité une sentence infamante pour un crime qu'on exagéra, et bientôt la pauvre Jeannette se vit l'objet des coups-d'œil malins, des sourires sardoniques. Elle en apprit la cause ; et, sa raison réprimant ses désirs de jouir, elle renonça soudain à toute société. C'est alors que le souvenir de Cécile lui devint plus amer : elle n'avait pas cessé d'y penser ; elle avait même fait quelques démarches vagues ; mais entraînée par le tourbillon des plaisirs, elle n'avait pu, ainsi qu'elle l'avait projeté, s'occuper toute entière de son amie. Elle se promit de ne rien négliger pour découvrir ses traces.

Briceval, de son côté, toujours en proie à sa sombre mélancolie, ne s'était livré à la société que pour sa femme, pour laquelle il avait une grande estime et un sincère attachement. Il fut ravi de voir que, d'elle-même, elle se retirait des cercles méchans et corrupteurs où elle s'était jetée d'abord en étourdie. Une nouvelle triste vint encore ajouter à leur goût commun pour la solitude. Le vieil oncle Jules, que sa goutte avait retenu tout l'hiver dans la maison de sa sœur à Chartres, y venait de mourir. Cette circonstance, qui affligea beaucoup plus Mme Déricourt que Briceval, rappela nos amis à Chartres. Briceval était l'unique héritier de cet oncle qui l'avait élevé; il lui fallait faire différens voyages pour recueillir sa succession, et sur-tout en Amérique, où il possédait de vastes habitations.

En conséquence, Briceval voyant le printemps annoncer un été superbe, résolut de ne pas différer plus long-temps son voyage aux îles, voyage qui devait l'éloigner pendant six mois au moins. Mme Briceval éprouva un véritable chagrin en pensant qu'elle allait vivre quelque temps séparée de son époux; mais décidée à passer ce temps fatal auprès de sa mère, elle mit un régisseur sûr dans son hôtel de Paris, et suivit madame Déricourt, qui voulait finir ses jours dans sa maison de Chartres.

Cependant ces deux femmes isolées et tristes devaient avoir une société agréable pour elles, et à laquelle elles étaient bien éloignées de s'attendre.

Quelques jours avant son départ, Briceval, qui paraissait de plus en plus triste et soucieux, disparut sans rien dire à personne, et ne revint que le surlendemain matin, au grand contentement de son épouse, que son absence avait singulièrement inquiétée.

Briceval descend de voiture, et tient dans ses bras un jeune enfant, beau comme l'amour, âgé tout au plus de quatre ans. Ma femme, dit-il à Jeannette qui s'est empressée au-devant de lui, jusqu'à présent le ciel n'a pas décidé encore que vous devinssiez mère, soyez-le dès ce moment! Oui, daignez servir de mère à ce pauvre enfant auquel je m'intéresse..... beaucoup! Je l'ai vu naître; j'ai connu sa mère, sa mère infortunée qu'il a perdue pour jamais; Jeannette, si tu veux faire une chose agréable à ton époux, ce sera d'élever cet enfant comme le tien : j'ai promis à ses parens de ne jamais l'abandonner, d'égaler leur tendresse pour lui : hélas! il ne les connaîtra jamais! — Eh quoi, mon ami! répond Jeannette, cet enfant est orphelin, et tu daignes lui tenir lieu de père! Pourquoi me l'as-tu caché jusqu'à présent? que ne m'as tu dit plutôt !.... — Je ne le pouvais pas, mon amie. J'ignorais moi-même que cet enfant pût un jour entrer dans ma maison. Il recevait... alors...... les caresses de son père. — Qui n'est plus apparemment ? Était-ce un homme aisé ? — Un infortuné. — Un indigent ? que tu protégeais ? — Que j'aimais..... comme moi-même. Enfin, Jeannette, qu'il te suffise de savoir que je m'y intéresse : prends cet enfant, qu'il adoucisse les ennuis de mon absence, et qu'à mon retour je te voie partager l'affection que je lui ai vouée ? N'en doute pas, mon ami ! qu'il est joli ! comment s'appelle-t-il ? — Ha, ha.... Oui, son nom ? il est essentiel en effet que tu saches... Il s'appelle... Auguste. — Auguste ! eh bien, qu'il me soit aussi cher qu'à toi ! Quel âge ? quatre ans environ, n'est-ce pas ? le voilà au même âge où je fus recueillie jadis par M. d'Eranville, par un bienfaiteur aussi généreux que sensible. Rendons à l'orphelin les mêmes soins qu'on a prodigués à mon enfance abandonnée ; oui, faisons pour lui ce qu'on a fait pour la pauvre Jeannette. Enfant! je fus comme toi, et comme toi j'ai trouvé une famille nouvelle, des protecteurs. Sois mon fils dès ce moment, et que jamais ceux que le ciel peut m'envoyer n'altèrent la tendresse que je te dois jusqu'à ton établissement dans le monde. Mon cher Briceval, c'est un véritable cadeau que vous me faites-là?

Briceval regarda sa femme avec un intérêt si vif, qu'une larme tomba de ses paupières. Il prit ensuite les mains de Jeannette, et les serrant dans les siennes, il lui dit d'un ton de voix étouffé : Tu es une bien digne femme!...

Il embrassa le petit Auguste, fit ses adieux à son épouse, à sa belle-mère, et partit pour son grand voyage. Madame de Briceval fut d'abord affligée de recevoir les adieux d'un époux qu'elle allait perdre pour long-temps; mais bientôt, en pensant qu'il lui écrirait souvent, et qu'il presserait ses affaires, ainsi qu'il l'avait promis, elle se livra toute entière aux caresses que l'enfant méritait. Elle demanda cependant à madame Déricourt si elle avait entendu quelquefois son neveu parler de cet enfant et de sa famille? Jamais répondit sa mère; voilà la première fois que je le vois, que j'entends prononcer son nom. Si mon frère vivait, il nous mettrait sans doute au fait; car, lui qui accompagnait par-tout son neveu, il devait connaître ses amis, ses sociétés. C'est sans doute le fils de quelque domestique, de quelque indigent à qui il faisait du bien; car il a un excellent cœur, ton mari, ma chère! oh, le meilleur cœur!... Il faut néanmoins qu'il ait pris bien de l'intérêt aux parens de cet enfant: car il en parlait!.... Il regardait Auguste d'un air si tendre!... Son cœur battait violemment, et j'ai remarqué même que ses yeux étaient mouillés de larmes. — C'est que ces gens-là étaient apparemment bien malheureux! — J'ai ouï dire à mon frère que ton époux, même en voyageant, allait secourir l'indigence jusque sur les grabats, dans les greniers qu'elle habite. C'est un homme, oh, c'est un homme! tu dois te trouver bien heureuse, Jeannette, d'avoir suivi mes désirs en épousant un si galant homme? — Bien heureuse, ma mère! parfaitement heureuse! et le ciel a récompensé la docilité que je vous devais.

Jeannette serra sa mère contre son sein, et bientôt ces deux amies tournèrent toute leur attention sur l'enfant, qui paraissait timide et contraint près d'elles : Auguste, lui dit Jeannette, viens ici? — Je ne m'appelle pas Auguste, lui dit timidement l'enfant, je m'appelle Charles. — Hein? qu'est-ce qu'il dit là, demande Jeannette à sa mère?

— Bon, répond madame Déricourt, Auguste ou Charles, cela est indifférent ; apparemment qu'il a deux noms, Charles-Auguste. Dis-moi, mon petit homme, comment s'appelait ton papa ? — Mon papa ?.... Je n'ai pas de papa, moi. — Oui, il est mort ? Et ta maman ? — Ni de maman non plus. — Pauvre orphelin ! Leurs noms ? — (*L'enfant ne répond pas*). Il l'a oublié ; peut-être sont-ils morts depuis long-temps. Et qui est-ce qui a eu soin de toi jusqu'à présent ? — Ma nourrice. — En quel endroit ? — (*L'enfant se tait*). — Vous lui faites-là des questions, interrompt Jeannette, auxquelles il est impossible qu'il réponde. A cet âge tendre, est-ce qu'on se rappelle ?.... Il est vrai qu'à quatre ans, moi, je me souvenais de tout ce que j'avais vu à l'hospice, même des noms de mes petits camarades. Voyons, que je l'interroge à mon tour.

Jeannette prend l'enfant sur ses genoux : Tu connais bien, n'est-ce pas, le monsieur qui vient de t'amener ici? — Monsieur Briceval? c'est mon bon ami. — Tu l'as donc vu souvent! — Oh, très-souvent : il m'apportait toujours du bonbon, et puis il m'embrassait : oh, je l'aime bien. — C'est chez ta nourrice qu'il allait? — Oui, où il y avait un petit garçon bien méchant, qui me pinçait toujours, et le gros chien m'a mordu en voulant me défendre : mon ami, qui était là, m'a cru blessé, et il s'est trouvé mal. — Il s'est... trouvé mal? — Oui, et il pleurait, en disant que j'étais mort, qu'il m'avait perdu! et moi, je lui ai dit : Non : mon bon ami, je ne suis pas perdu, me voilà!

Jeannette rougit et pâlit successivement. Sa mère s'aperçut de son trouble. Qu'as-tu, mon enfant? — Rien, ma mère.... mais c'est que... — Me pardonnerez-vous si je vous fais

part

part du soupçon, injuste sans doute, qui s'élève dans mon cœur? — Parle? — Cet enfant, s'il était celui de mon époux? — Oh, non, interrompt l'enfant, il n'est pas mon papa; car il m'a bien défendu de l'appeler comme cela. — Vous l'entendez, ma mère?.... — Quelle folie, Jeannette! votre mari serait-il capable de vous présenter.... d'introduire chez vous..... Allons, ne parlez jamais de cela. J'ai trop d'estime pour lui pour le supposer aussi peu délicat.

Madame Déricourt voulut prouver à sa fille qu'elle avait tort; mais rien ne put détruire des soupçons aussi naturels, et que Jeannette se contenta de dissimuler.

———

Tome II.

CHAPITRE XXVIII.

Petite cause et grand effet.

JEANNETTE, seule, réfléchit. Mon époux, se disait-elle, est un homme estimable, mais bizarre. Jamais cet homme-là ne m'a raconté ce qu'il était, ce qui lui est arrivé avant de m'épouser : il a beaucoup voyagé avec son oncle, et il ne m'a jamais parlé de ses voyages. Pas une seule anecdote, pas la moindre confidence qui soit sortie de sa bouche! Ses amis, ses simples connaissances, m'a-t-il dit même le nom de ceux, de celles qu'il avait connus avant moi?... Toutes les fois que j'ai voulu l'interroger sur ses liaisons antérieures à la nôtre, il a dissimulé, détourné la conversation sur d'autres sujets, et je n'ai rien su. Il m'a toujours traitée avec estime, avec égards; mais m'a-t-il jamais aimée?

ce que j'appelle aimée... d'amour? non. Il m'a paru ne céder qu'à une promesse, qu'à des convenances, et non aux sentimens du cœur. Il est toujours sombre, toujours mélancolique. S'il avait aimé une autre! si cet enfant... Quel malheur que la faiblesse de son âge l'empêche de se rappeler les noms de ses parens, des villes ou villages où il a été élevé! il paraît qu'il n'a connu et vu que sa nourrice et M. de Briceval : monsieur de Briceval, *son bon ami*, qui lui a défendu de l'appeler *papa!*... O les hommes! ils nous accusent de perfidie, de dissimulation : il serait fort d'introduire chez moi son propre fils, l'enfant de l'amour! Eh bien, j'aimerais mieux qu'il me le dise; oui, j'aurais préféré qu'il m'eût tout avoué : ma chère Jeannette, avant de te connaître, avant que tu eusses des droits sur mon cœur, sur ma fidélité, j'ai connu l'amour; tiens, voilà mon enfant; sa mère n'est plus; remplacelà, et sois assez généreuse pour souffrir chez toi un enfant qui n'est pas le tien!... S'il m'eût dit cela, je lui aurais répondu, en l'embrassant : Mon ami, ta confiance m'honore; elle prouve que tu sais me rendre justice : je ne puis t'en vouloir d'une faiblesse que je n'ai pu prévoir, ni dû empêcher : j'adopte ton fils; qu'il soit le mien, et que ma tendresse pour lui te fasse oublier sa mère en m'accordant tout l'amour qu'elle a su t'inspirer!.... Mais me faire un roman! Ah, Briceval!

Ainsi raisonnait la pauvre Jeannette, qui, pour la première fois, connaissait la jalousie. Dans cette funeste passion, l'imagination travaille, et Jeannette allait jusqu'à craindre que la mère de l'enfant n'existât encore, ne fût la maîtresse de son mari, et ne voyageât même avec lui, tandis qu'elle, Jeannette, avait la complaisance de garder leur enfant. Cette idée folle ne resta pas néanmoins long-temps dans sa tête; mille sages raisons la détruisirent, et Jeannette s'en tint à la seule persuasion que le petit Auguste était le fils de M. de Briceval.

Ceci altéra un peu sa tranquillité et sa gaieté ordinaires; mais rien ne put diminuer la tendresse que l'enfant lui inspira peu à peu. Il était si beau, si aimable, si intéressant!... Il avait des petites raisons si drôles!.... Jeannette et sa mère finirent par le choyer, par le gâter même; et seul il put consoler ces deux amies de l'inquiétude où les plongea l'absence de Briceval, qui dura une année entière. Il écrivit deux fois pendant ce laps de temps, et sa dernière lettre annonçait son retour prochain; mais ce retour, qui tardait, ne pouvait être éloigné enfin, et sans doute, Briceval, en route, devait revenir au premier jour.

Sur ces entrefaites, il arriva un événement qui fit un bien grand plaisir à la sensible Jeannette. Cécile, son amie, dont elle n'avait point eu de nouvelles depuis près de deux années, reparut tout-à-coup; et voici comment se fit cette touchante reconnaissance.

On se rappelle que la sœur Emilie, en apprenant à Jeannette, qu'elle rencontra dans la rue, que ses parens pourraient se retrouver, lui donna son adresse avec celle du laboureur Jacques : Jeannette, rentrée dans le sein de sa famille, n'avait pas manqué de faire part de son bonheur à cette amie de son enfance, et de lui envoyer même des secours; car cette bonne fille vivait du travail peu lucratif de ses mains. Pendant son séjour d'hiver à Paris, Jeannette avait vu souvent Emilie, et l'avait mise en campagne de son côté pour qu'elle prît des informations sur le sort de l'infortunée Cécile, dont le malheur la touchait. Emilie n'avait pas plus réussi que madame de Briceval, et le voile le plus épais couvrait toujours la destinée de Cécile.

Un jour, Emilie, qui travaillait en broderie, fut mandée chez une dame inconnue, qui avait de l'ouvrage à lui donner. Emilie entre, cause avec cette dame, prend l'ouvrage qu'elle lui offre; et soudain un particulier se présente: Ah, mon frère! vous voilà, lui dit cette dame, eh bien, quelle nouvelle? — Elle est terrible, ma sœur, toujours la même; cette infortunée! d'une hauteur dans son indigence, elle refuse absolument les secours que vous lui faites passer; elle prétend que son travail suffit pour la faire exister, et quel travail encore! Si elle avait de l'ouvrage! mais elle en manque; la dentelle ne va point; on ne lui donne rien à faire.... Il n'y aurait qu'un moyen; ce serait de lui procurer de l'ouvrage, et de lui payer un gros prix; cela ne blesserait point sa délicatesse. Si madame (*s'adressant à Emilie*) pouvait nous rendre ce service dans ses connaissances? — Monsieur, ce n'est point ma partie; je ne fais que broder. — C'est pour une femme bien intéressante, et que sa naissance et sa fortune n'avaient point destinée à cet état affreux. — Ah, monsieur! j'ai connu comme cela une aimable demoiselle que des malheurs ont ruinée, et forcée aussi à travailler pour vivre; mademoiselle d'Eranville! tout le monde a connu ce nom-là. — Mademoiselle d'Eranville! que dites-vous? vous la connaîtriez? eh, c'est pour elle-même que je vous parle.

Emilie reste muette d'étonnement; puis elle s'écrie : Pour elle! c'est elle? Ah, mon dieu! ah, monsieur! qu'il y a long-temps que nous la cherchons!... — Qui, Cécile? vous la cherchez? — Moi, et sa bonne, sa meilleure amie, sa chère Jeannette. — Jeannette aussi, vous la voyez! où est-elle? où est-elle? — — Mais, monsieur, pardon : à qui ai-je l'honneur de parler? — Vous

...vez en moi M. de Verneuil, l'ami intime de Cécile, de Jeannette; et voilà ma sœur, madame Dolmont, que j'ai ramenée de la province à Paris.

M. de Verneuil fait à Emilie mille questions auxquelles elle satisfait. M. de Verneuil s'écrie : Jeannette riche, mariée, dans le sein de sa famille? vîte, Labrie, un fiacre; mademoiselle Emilie voudra bien venir avec nous, voir Cécile, lui apprendre tant d'heureux changemens?

Emilie y consent; elle monte en voiture avec madame Dolmont, son frère, et tous trois arrivent chez Cécile, qui demeurait à un quatrième étage dans un faubourg de Paris. Emilie recule deux pas en voyant le changement que le malheur a opéré sur les traits de son amie. Sainte Vierge! dit naïvement cette bonne fille, est-ce mademoiselle d'Eranville que je vois là? — Moi-même : ah, c'est vous, bonne

Emilie! m'apportez-vous des nouvelles de Jeannette? — Oui certainement, mademoiselle, j'en ai, et de bonnes encore.

Emilie répète à Cécile ce qu'elle a dit à M. de Verneuil. Elle ajoute que Jeannette, à présent madame de Briceval, n'a jamais cessé de penser à son amie, et qu'elles ont fait toutes deux mille démarches infructueuses ; mais où vous étiez-vous donc fourrée ? ajoute Emilie. — Ah, ma chère, répond Cécile, demande-moi plutôt où l'on m'avait cachée ; je te conterai tout cela ; mais Jeannette, cette bonne amie que j'avais l'ingratitude d'accuser, quand la verrai-je ? — A l'instant nous pouvons partir pour la voir, répond M. de Verneuil : il faut la surprendre bien agréablement. Ne lui écrivons pas ; ne lui disons rien, et descendons chez elle au moment où elle s'y attendra le moins. — Quoi, monsieur ! reprend Cécile, vous voulez que j'aille chez madame de Briceval dans l'état où je suis ? avoir l'air de lui demander !.... — Ce n'est pas votre cœur, Cécile, qui vient de vous dicter ces mots injurieux pour Jeannette ; vous ne connaissez pas cette femme rare et bien estimable ; mais, pour épargner votre délicatesse, si vous le permettez, ma sœur et moi, nous vous accompagnerons à Chartres ; vous n'aurez pas l'air de tomber des nues ; car c'est là sans doute ce que vous appréhendiez. Quelle heure est-il ? pas encore midi. Par la poste nous pouvons y être ce soir ; les jours sont longs, et il fait un temps superbe : allons, partons ? — Ah, monsieur !... — Eh quoi, vous hésitez, Cécile ? auriez-vous assez d'insensibilité pour refuser d'aller embrasser une amie ? — Monsieur, ne faites pas cette injure à mon cœur.... Mais la misère et le malheur me permettent-ils d'aller m'offrir aux yeux de l'opulence ! — Si l'infortune, Cécile, n'avait pas aigri votre caractère, je me permettrais de blâmer ce mouvement de vanité déplacée; mais je connais votre âme, elle dément la fierté de votre esprit; vous êtes faite pour partager, pour apprécier l'amitié, Cécile; mais, si vous êtes moins heureuse, vous savez quels reproches nous avons à vous faire? — Ne parlons pas de cela, monsieur; je ne puis accepter des dons que rien ne me fait mériter; j'ai pu rougir un moment de m'offrir à une amie que la fortune a monté sur le sommet du char dont elle m'a précipitée; mais je me sens assez grande pour aller partager ses embrassemens, ou mépriser ses dédains, si le bonheur avait changé son caractère, partons. — Quelle misanthropie! et comme il faut vous connaître pour l'excuser.

M. de Verneuil donne ses ordres pour le départ, et on l'entend murmurer sourdement : Elle est mariée!...... un autre possède ce trésor! pauvre Verneuil!....

Cet

Cet homme estimable soupire; et Cécile, qui devine seule le motif de son émotion, oublie qu'elle a besoin elle-même de consolations pour en prodiguer à son ami, sans cependant lui faire sentir qu'elle connaît, depuis long-temps, son amour pour Jeannette. Tout est prêt enfin, et M. de Verneuil, madame Dolmont, Cécile, ainsi que la bonne Emilie, montent tous quatre dans une berline, qui soudain vole vers l'objet de tous leurs vœux.

Jeannette, Jeannette, que fais-tu à Chartres? le bonheur est sur la route; est-ce que ton cœur n'est pas agité d'un heureux pressentiment?

CHAPITRE XXIX.

Touchons-nous au dénouement?

JEANNETTE était à se promener dans le jardin avec sa mère. La soirée était fraîche et magnifique.

Les fleurs flétries naguères par la chaleur du jour, se redressaient sur leurs tiges rafraîchies par une douce rosée ; elles ouvraient leur calice, et parfumaient les airs de mille odeurs délicieuses. La lune, dans son plein, réfléchissait son disque dans l'eau du canal, et le rossignol, perché sur un arbre du bosquet, réjouissait la nature par ses concerts mélodieux. Jeannette était gaie, tranquille ; elle s'entretenait avec sa mère du prochain retour de Briceval, qu'on attendait de jour en jour ; et ces deux amies ne pensaient point à goûter le sommeil auquel le petit Auguste était livré depuis plusieurs heures, lorsqu'on entendit aboyer le chien de la basse-cour. Qu'est-ce là ? dit M.me Déricourt ; on sonne à la porte de la rue : à cette heure, qui vient nous visiter ? Le jardinier ne va pas ouvrir : il est couché ; mais sa vieille femme encore.... Ah, l'on ouvre : allons voir..... mais qui court vers nous avec tant d'impétuosité ?....

Dans le jardin, s'écrie une voix : j'y vais !.... madame, madame ? madame de Briceval ? — Me voilà : qui est-ce ? — C'est Emilie, c'est moi : venez donc : bonne nouvelle ; je vous amène nombreuse compagnie. — Qui donc ? — Cécile, votre amie ; Cécile, que j'ai retrouvée ! — Est-il possible ? où est-elle ? — La voilà.

Cécile suivait en effet Emilie, qu'on avait envoyée devant pour prévenir doucement Jeannette, mais qui l'avait fait assez brusquement, comme on vient de le voir. Cécile et Jeannette sont dans les bras l'une de l'autre ; leurs visages, leurs mains sont inondées des larmes de la sensibilité : elles ne peuvent parler ; elles se serrent étroitement ; et c'est madame Déricourt qui est obligée de recevoir madame Dolmont et son frère, que Jeannette n'a pas eu le temps de remarquer. O mon amie, c'est toi ! c'est vous ! voilà ce que Cécile et Jeannette font entendre, et leur étreinte est si forte, qu'on est obligé de les séparer, dans la crainte que leur santé ne souffre de cette touchante expansion. Jeannette alors aperçoit M. de Verneuil avec une dame qui lui est inconnue. Jeannette les salue avec affection; mais elle revient à Cécile, et ces deux amies marchent en se serrant encore jusqu'au salon, où madame Déricourt fait entrer la compagnie.

Jeannette fait mille questions à Cécile, qui, sans lui répondre, l'interroge à son tour. Point de questions ce soir, s'écrie madame Déricourt; point d'explications, ma fille; songeons à faire souper ces dames, et à les envoyer coucher; car elles ont voyagé.

La défense de madame Déricourt est observée difficilement; mais cette bonne mère généralise à dessein la conversation, et tous ne s'entretiennent plus que du bonheur de se revoir. Il est décidé que le lendemain, au déjeûner, chacun racontera ses aventures, et l'on sert le souper. Mademoiselle d'Eranville, dit madame Déricourt, qu'elle obligation ne vous ai-je pas, à vous et à votre généreuse famille, pour m'avoir conservé mon enfant! Ce jour est bien doux pour moi, où je vois, où j'embrasse la bienfaitrice de ma fille! — Ah! madame! répond Cécile, ne parlez pas de bienfaits; le cœur de Jeannette méritait des amis plus heureux. — Pouvez-vous encore penser au malheur, interrompit Jeannette, quand nous nous retrouvons, mademoiselle? plus d'infortunes qui puissent nous atteindre! je défie le sort barbare de vous persécuter de nouveau. — Madame, répond Cécile à voix basse, vous seule savez ce qui manquera toujours à mes vœux! — J'entends, j'entends: point de nouvelles toujours du père, ni du fils? — Aucune, madame, pardon; laissons mes douleurs secrètes, et ne pensons qu'au plaisir que j'éprouve de vous revoir. — Mademoiselle, une chose trouble néanmoins ce plaisir... de mon côté du moins.... autrefois vous aviez la bonté de me tutoyer; j'étais votre *bonne Jeannette*.... Madame de Briceval a-t-elle perdu ses droits à ce langage touchant? — Madame.... les temps sont bien changés! — Mais nos cœurs ne le sont pas; parlez-moi donc comme autrefois? j'aurais trop perdu à mon changement d'état! — Souffrez, mon amie, que je sache ce que je dois à vous ainsi qu'à moi, vous me désobligeriez d'insister davantage. — Appelez-moi donc au moins votre chère Jeannette? — Eh bien, soit, ma chère Jeannette! Ah! quelles obligations nous avons toutes deux à cette bonne Emilie, et à ce digne ami, qui nous a toutes enlevées de Paris, sans nous laisser le temps de respirer! — Monsieur de Verneuil ne laisse plus de bornes à ma reconnaissance. — Ah, madame! répondit de Verneuil en soupirant... mais où est donc monsieur votre époux ? — Mon mari est absent depuis un an; mais je l'attends ces jours-ci; je serais bien flattée qu'il vous vît. — Madame !..

M. de Verneuil soupira encore, et Cécile comprit que la vue de M. de Briceval était ce qu'il ambitionnait le moins. Le reste de la soirée se passa ainsi en doux entretiens, et chacun fut se livrer à un sommeil utile après les longues fatigues du corps, et les commotions que le cœur avait essuyées dans la journée.

Le lendemain matin, Jeannette, qui avait fait coucher Cécile dans sa chambre, près d'elle, s'aperçut qu'elle ne dormait point. Vous n'avez pas reposé, mon amie, lui dit-elle avec chagrin. — Très-peu, mon amie : je ne sais pourquoi l'image de St.-Ange a troublé mon sommeil pendant toute cette nuit. — Ainsi point d'espoir de rencontrer cet amant chéri ? — Ah, Jeannette ! peut-être n'existe-t-il plus : mais mon fils, qui me le rendra ? — Mademoiselle, les jeux du hasard sont si singuliers, si inexplicables ! Voyez, je désespérais du bonheur de vous revoir, et un seul jour a suffi pour vous rendre à ma tendresse. Espérez, mademoiselle ; j'ai dans l'idée que St.-Ange vous sera rendu.

Jeannette ne croyait pas si bien lire dans l'avenir, comme on le verra par la suite.

Cécile et son amie descendirent au salon, où le reste de la compagnie était déjà rassemblé. On déjeûna ; puis Jeannette raconta tout ce qui lui était arrivé depuis sa séparation de Cécile. Les circonstances de son hymen avec Briceval parurent affecter beaucoup M. de Verneuil, et Cécile s'aperçut aisément de son trouble. Il fut question ensuite d'entendre l'histoire de Cécile, et de savoir pourquoi toutes les recherches que Jeannette avait faites d'elle, n'avaient abouti à rien. Cécile, que le souvenir de ses malheurs affligeait trop sensiblement, pria M. de Verneuil de s'en charger, ce qu'il accepta; mais Cécile, pendant ce récit douloureux, fut se promener au jardin avec Emilie, dont cette promenade contraria un peu la curiosité. Cela donna à M. de Verneuil la liberté de parler de Cécile sans réserve; ce qu'il fit en ces mots:

« Le jour même de votre départ de Paris, madame de Briceval, un de mes amis m'offrit l'occasion d'une voiture pour aller en Bretagne, où je voulais réclamer, d'après nos nouvelles lois, les biens que mes frères s'étaient partagés à mon détriment. Je fus donc, vers deux heures après-midi, faire mes adieux à mademoiselle d'Eranville, que je trouvai baignée dans les pleurs. C'était votre séparation du matin qui les faisait couler. Je lui témoignai le regret que j'éprouvais de l'abandonner à mon tour dans un moment si critique, et je partis. Le soir même, madame Aubry, la propriétaire de sa maison, monte chez elle toute effrayée : Ah, mon enfant ! lui dit-elle, sauvez-vous, on vous cherche. — Qui, moi ? — Vous, mademoiselle Dascourt; c'est bien vous. — On se trompe, je n'ai rien qui puisse m'exposer... — Vous ne voulez pas vous sauver, vous avez tort ; car les voilà.

» En effet, des gens de justice entrent en foule. Un exempt montre à Cécile l'ordre de l'arrêter ; et, malgré les cris, les gémissemens de cette infortunée, ils ont la cruauté de l'arracher des bras de son hôtesse effrayée. On la met dans une voiture, et la voilà qui voyage sans savoir où elle va. Elle passe ainsi quatre jours et quatre nuits en route, sans prendre d'autre nourriture que le peu d'alimens grossiers qu'on lui offre comme à une criminelle ; et, arrivée enfin dans la ville de Rennes, on la plonge dans une étroite prison, sans lui dire les griefs qu'on lui reproche. On l'interroge; et le crime dont on l'accuse est si neuf à ses yeux, qu'elle voit clairement qu'elle n'est prisonnière que pour le nom de Dascourt qu'elle a pris. Une femme nommée Dascourt était compromise en effet dans une vaste conspiration. On la croyait cachée à Paris, et la ressemblance de nom avait causé le malheur de Cécile. Vous devinez bien que Cécile n'eut pas de peine à prouver qu'elle n'était pas la grande coupable qu'on croyait tenir; mais il lui fallut déclarer son véritable nom, et cela parut suspect. Pourquoi avait-elle changé de nom? quel était son motif? En vain Cécile s'excusa-t-elle sur l'éclat répandu autrefois sur ce nom brillant, éclat que ternissait son indigence, et la nécessité de travailler pour le public; cela ne parut point satisfaisant, et ce ne fut plus comme conspiratrice, mais comme suspecte, que la pauvre Cécile fut réintégrée dans les prisons. Elle y resta près d'un an, l'infortunée, au secret, et sans pouvoir correspondre avec qui que ce fût. Je vous passe les détails de ses souffrances dans sa triste prison, pour en venir à sa sortie de ce lieu funeste. J'étais, moi, dans les environs de Rennes, occupé de mes affaires personnelles, lorsque le hasard me conduisit dans le lieu où gémissait votre amie. J'y allais voir un de mes amis, qui, depuis a été reconnu innocent. J'entends parler de mademoiselle d'Eranville ; je m'informe : j'apprends que cette estimable demoiselle est détenue : je cours, j'intercède, et je parviens à lui faire rendre sa liberté. Vous me permettrez d'abréger le récit des faibles services que je fus assez heureux pour lui rendre alors.... Eh quoi ! lui dis-je quand elle fut chez ma sœur, chez madame Dolmont que vous voyez ici, est-il possible, mademoiselle, que vous ayez été la victime d'une ressemblance de nom?

J'ai bien entendu parler du procès d'une femme Dascourt; et c'était vous qu'on prenait pour ce monstre? Ah! si j'avais su plutôt! mais enfin nous vous possédons; vous voilà, et j'espère que vous ne nous quitterez plus! — Et Jeannette, me dit cette femme sensible (car ce fut son premier mot), et Jeannette, monsieur, a-t-on de ses nouvelles? Le souvenir de cette amie, et l'ignorance de son sort, ont été mes seuls délassemens et mon unique souffrance dans ma captivité.

» Je lui répondis, qu'éloigné moi-même de la capitale, je n'avais pu m'instruire du destin de notre amie... Pardonnez-moi si je me suis servi de cette expression, où je m'honorais de votre amitié; enfin vous voyez, madame, que la première pensée de Cécile, en revoyant le jour, a été pour vous!....

» Ma sœur pria Cécile de rester chez elle, en attendant que nous revinssions à Paris; ce qui ne tarda pas ; car j'avais heureusement terminé mes affaires. De tous mes frères, de tous mes parens, je n'ai trouvé que cette bonne sœur généreuse, sensible et délicate. Madame Dolmont, veuve sans enfans, m'a aidé de ses conseils et de ses actions. Mes deux mauvais sujets de frères ont été contraints de me rendre ma part de l'héritage de notre père, et je me suis trouvé à la tête d'une fortune assez.... raisonnable. Ma sœur a bien voulu me suivre à Paris, et nous sommes venus tous nous y fixer... Mais, admirez l'effet du malheur sur un cœur tendre comme celui de Cécile ! Elle a voulu prendre son particulier, et vivre loin de nous. Madame Aubry, comme vous devez le savoir, avait vendu sa maison pour se retirer je ne sais dans quelle province : Cécile fut d'abord désespérée de ne plus retrouver son logement chez cette femme, qui seule pouvait lui donner de vos nouvelles ; mais elle fut se loger ailleurs, dans un faubourg; et, malgré la peine que nous fit ce procédé injurieux pour l'amitié, il fallut consentir à la voir habiter une espèce de grenier, travaillant les jours et les nuits, refusant toute espèce de don de notre part; impossible de lui faire accepter le plus léger présent. Cécile, fière et misanthrope, prétendait qu'elle ne devait recevoir que ce que son travail avait mérité. Ma sœur s'est vue forcée d'acheter exprès des dentelles usées, pour avoir le plaisir de les lui faire rétablir; et encore lui donnions-nous ces effets comme appartenant tantôt à une amie, tantôt à une autre; car à la fin elle aurait deviné notre intention, et sa fierté s'en serait trouvé offensée. Voilà comme nous avons vécu jusqu'à présent, voyant tous les jours mademoiselle d'Eranville, qui ne voulait cultiver que nous; la recevant quelquefois chez ma sœur, et prenant tous les jours des détours nouveaux pour lui procurer, non les aisances, mais les premiers besoins de la vie. Cécile avait renoncé à l'espoir de vous retrouver, et moi, madame!... je partageais sa douleur, ses regrets, et j'oserai dire son amitié pour vous. Jugez de notre joie à tous deux, quand Emilie nous a découvert votre asile! J'ose me flatter d'avoir déterminé tout le monde à venir vous importuner; et, si nous avons voulu vous surprendre, si nous avons agi avec tant de licence, c'est à moi seul que vous en devez adresser les reproches!.... »

CHAPITRE XXX.

Bonne intelligence qui ne durera pas.

Monsieur de Verneuil cessa de parler; et Jeannette, après l'avoir remercié des choses flatteuses pour elle qu'il avait placées dans son récit, admira, ainsi que sa mère, la noble fierté du caractère de Cécile, qui ne voulait rien devoir à la générosité, tout au travail. Jeannette, qui connaissait mieux que tout autre le cœur de son amie, expliqua sa conduite, en hasardant même quelques réflexions peu agréables pour M. de Verneuil. Aussi, monsieur, lui dit-elle, peut-on blâmer une jeune personne qui, seule, sans époux, sans parens, peut attirer sur elle les traits de la calomnie, en recevant des bienfaits d'un ancien ecclésiastique, célibataire, et propre à inspirer de l'estime? Le monde est si méchant! Que n'avons-nous pas entendu dire de vos visites chez nous, quand nous demeurions chez madame Aubry! Cette madame Aubry, elle-même était la première gazette qui faisait part à tout le monde de ses conjectures sur notre manière d'exister; et vous étiez toujours pour quelque chose dans ses coups de langue. Je conviens que, chez madame Dolmont, le séjour d'une jeune personne était avoué par la décence; mais vous y demeuriez aussi, vous, monsieur, et rien ne pouvait empêcher la malignité de ternir la réputation de mademoiselle d'Eranville... Au surplus, ami rare et précieux, je vous remercie bien sincèrement de ce que vous avez fait jusqu'à présent pour Cécile. Vous êtes digne de l'estime des honnêtes gens, et je ne trouve plus de termes pour vous exprimer ma reconnaissance. A présent que Cécile est ici, je vous prie de me permettre d'achever votre ouvrage : daignez m'aider aussi pour l'engager à vivre avec moi, avec ma mère et mon époux. J'ose croire qu'elle ne me refusera pas; mais, si vous joignez vos sollicitations aux miennes, je suis plus sûre d'obtenir d'elle cette faveur.

M. de Verneuil et sa sœur promirent à Jeannette de la seconder dans ce louable projet. Cécile rentra avec Emilie, et sachant que tous ses amis avaient appris sa détention avilissante, elle rougit sans oser lever les yeux sur Jeannette. Celle-ci, qui devina le motif secret de sa honte, s'empressa de la distraire de ses lugubres idées : elle lui fit compliment sur son attachement pour M. de Verneuil, qui, ajouta-t-elle, est l'homme le plus estimable que je connaisse!....

Ce mot fit un secret plaisir à M. de Verneuil ; mais il reprit sa tristesse en pensant que Jeannette était mariée, qu'il avait perdu tout espoir d'être jamais heureux.

Cet homme sensible avait dévoilé son cœur à sa sœur. L'estimable madame Dolmont, jalouse du repos de son frère, l'engagea à fuir une maison où tout nourrissait son inutile passion. En conséquence, pour avoir un prétexte honnête de partir, M. de Verneuil, feignant d'entrer dans les vues de Jeannette, annonça, le même soir au souper, que le lendemain matin il retournait à Paris avec madame Dolmont. J'ai quitté, ajouta-t-il, recouvremens, procès, le diable, qui m'occupe journellement dans cette ville, où je n'ai pas un moment à donner à mes plaisirs. Mes affaires souffriraient d'une trop longue absence : mademoiselle d'Eranville voudra bien me faire oublier près de vous. — Et mais, répondit Cécile un peu troublée, je croyais, mon ami, que vous me donneriez une place pour revenir à Paris ?

Jeannette prend la main de Cécile : Mademoiselle, lui dit-elle d'un ton touchant et attendri, je ne vous rappelle qu'un mot de vous ; après cela, vous me quitterez si vous en avez le cœur ! Ce mot, vous me l'avez dit avant notre séparation : *Jeannette, ma bonne Jeannette*, c'est ainsi que vous vous exprimiez, *j'estime trop l'amitié pour rougir.... de partager ton sort.* (Jeannette changea là quelques mots ; car Cécile lui avait dit *pour rougir de ses bienfaits*). Partez, mademoiselle, partez à présent, si vous ne m'entendez pas.

Cécile resta interdite : sa méfiance et sa misanthropie voulurent d'abord lui dicter sa réponse ; mais son cœur fit taire ces deux tristes conseillers, et elle ne répondit à Jeannette qu'en lui jetant ses deux bras au col. Je vous entends, s'écria Jeannette ! vous restez avec moi, avec ma mère, ma bonne mère, qui, dès ce moment, croira posséder deux filles tendres, également portées à l'aimer, à la respecter ! — Jeannette, je n'ai pas dit cela. — Non, mais je le dis pour vous. Veuillez, M. de Verneuil, dès votre retour à Paris, donner congé de la chambre de mademoiselle d'Eranville : (*souriant*) vous lui donnez bien votre procuration pour cela, n'est-ce pas, mon amie ? — Mais, Jeannette !.... — Plus de mais, un bon oui ; voilà ce que je vous demande. — Et bien, Jeannette, tu l'emportes ! — Ah, bon cela ! Voilà un *tu* qui me rassure sur vous.... — Pardon, je ne pensais pas que... — Voilà un *pardon* qui m'éloigne à présent ! — Jeannette, ma chère Jeannette, mène-moi donc à ton gré. Oui, je reste avec toi; je m'honore de ton amitié, de tes bienfaits ; et cette victoire que tu remportes sur ma.... délicatesse, est un sûr garant de ma tendresse pour toi !

M. de Verneuil et madame Dolmont félicitèrent Cécile sur sa détermination, et madame Déricourt l'en remercia avec une grâce touchante. Le lendemain matin, M. de Verneuil partit avec sa sœur, Emilie, et Cécile resta définitivement près de Jeannette. Toute l'inquiétude de Cécile était de savoir comment monsieur de Briceval prendrait son séjour dans sa maison : elle ne le connaissait pas ; et, quoique Jeannette lui assurait que son époux était un homme honnête et complaisant pour sa femme, Cécile craignait avec raison que le mari ne partageât pas l'excès de la tendresse que l'épouse avait pour elle. Cependant elle se rassura sur cette vaine terreur, quand madame Déricourt lui eut répété les mêmes éloges que Jeannette avait faits de Briceval. Cécile, heureuse et tranquille autant qu'elle pouvait l'être loin de Saint-Ange, se livra toute entière aux effusions des deux excellentes créatures qui la recevaient, et elle tâcha de se rendre utile auprès d'elles par quelques petits soins, quelques légers travaux de son sexe. Vois donc, dit-elle à son amie, vois, Jeannette, ce que c'est que la bizarrerie du sort? Me voilà précisément chez toi telle que tu étais chez mon père! Comme tout change! — Mademoiselle dit là un mot qui m'affecte beaucoup! Est-ce que mademoiselle peut se mettre à la place qu'occupait, chez M. d'Éranville, une pauvre orpheline élevée par charité? Mon amie doit se croire autant que moi la maîtresse dans cette maison. — Oui, mon amie ; mais il y a un maître, que je n'ai pas encore vu, et qui peut, avec raison, trouver mes prétentions très-ridicules. — C'est à mademoiselle à attendre qu'elle le connaisse avant de le juger ! — Mais à propos, Jeannette, tu ne m'as pas dit ce que c'est que ce bel enfant que j'ai tant caressé chez toi ces jours-ci ? Ce ne peut être ton fils ; car il paraît avoir quatre ans, et tu n'es mariée que depuis près de deux ? — Cet enfant !. . . . . . (*Jeannette pâlit*). C'est un jeune . . . orphelin que mon époux m'a recommandé avant son départ. Il y prend un vif intérêt. — L'aimable enfant ! je ne sais pourquoi son aspect excite en moi un trouble !. . . Il me rappelle mon fils, qui serait de son âge !

Cécile soupira : Jeannette soupira aussi de son côté, mais par un motif bien différent. Cécile pensait à son amant ; Jeannette était jalouse, et songeait au peu de délicatesse
qu'elle

qu'elle supposait à son époux, qui avait introduit chez elle le fils de l'amour ou du libertinage.... Ces deux personnes restèrent quelque temps rêveuses. Madame Déricourt vint les distraire de leur mélancolie, et la sérénité reparut sur tous les fronts.

Un mois s'écoula sans que Bricéval reparût. Jeannette en était inquiète à l'excès, et Cécile redoutait l'arrivée de cet étranger, dont elle appréhendait les froideurs et l'étonnement. Cécile était plus tranquille en ne le voyant pas arriver; mais combien elle coûtait de soins à la délicatesse de Jeannette! Avec quelle peine celle-ci la forçait-elle d'accepter les objets même de première nécessité! Quels détours il fallait qu'elle prît pour lui faire partager quelques vêtemens de luxe, et quelques légers bijoux dont Jeannette feignait de vouloir se défaire, pour l'engager à les recevoir! C'était une véritable étude pour Jeannette, et il lui fallait vraiment tout le courage, toute la constance de l'amitié pour chercher tous les jours de nouveaux moyens d'obliger son amie sans alarmer sa misanthropie, sans blesser sa délicatesse.

CHAPITRE XXXI.

Qui n'apprend rien au Lecteur intelligent.

Enfin ce jour tant désiré de Jeannette et tant redouté de Cécile, dominée par de funestes pressentimens, ce jour qui devait ramener M. de Briceval, arriva pour détruire le bonheur de tout le monde. Un courrier se présente de bon matin chez Jeannette ; il a dix lieues d'avance sur son époux ; il apporte une lettre dans laquelle cet époux empressé assure sa femme qu'il viendra dîner avec elle. Il a terminé heureusement ses affaires ; il est presque millionnaire, toujours tendre, constant et brûlant du désir d'embrasser son épouse, sa belle-mère et le *petit Auguste*, qu'une année de plus doit avoir bien changé.

L'attention de Briceval *pour le petit Auguste* n'est pas ce qui flatte le plus madame de Briceval ; mais enfin elle va revoir son époux : sa lettre est tendre, passionnée, qu'elle joie pour Jeannette ! Elle et sa mère se hâtent d'apprendre cette nouvelle à Cécile, qui pâlit sans savoir d'où lui vient tant de trouble. Jeannette lui en fit la guerre : Cécile s'excuse sur une indisposition : elle prie son amie de lui permettre de garder son appartement toute la journée. — Je n'entends pas cela, mademoiselle, lui répond en souriant Jeannette : je vous devine ; vous craignez toujours que mon époux n'ait pas mon cœur, et vous le redoutez comme on redoute l'aspect d'un étranger sévère et désobligeant.

Rassurez-vous, encore une fois, mademoiselle; Briceval ne serait pas digne de ma tendresse, si son caractère différait du mien. Si je chéris cet époux, c'est qu'il me chérit de même, et que les vertus, nous les pensons, nous les pratiquons ensemble. Mon amie, vous voudrez bien paraître à dîner avec nous, et ne pas troubler, par l'ennui de votre absence, le plaisir qu'une famille qui vous aime va goûter en revoyant son chef!

Cécile sait que sa conduite ne serait pas honnête en effet, si elle se célait : elle pense que, tôt ou tard, il faudra bien qu'elle voie ce M. de Briceval, et elle se résout à n'en pas reculer le moment. Mon amie, dit-elle à Jeannette, je ferai tout ce que tu voudras; mais tu permettras à ton tour que je reste chez moi jusqu'à ce que tu ai prévenu ton mari sur mon indiscrétion de m'être établie chez lui : après quoi tu prendras la peine de venir me chercher; nous descendrons alors, et tu me présenteras à cet homme que tout m'engage à estimer d'avance.

Jeannette consent à cet arrangement ; elle descend donner des ordres pour qu'on prépare une petite fête à son époux. Un repas superbe, des bouquets présentés par des groupes de jeunes pâtres, un feu d'artifice même, ainsi que des danses et des illuminations, tout est ordonné ; et la rue et le quartier, la ville même, instruits du retour de M. de Briceval, se proposent de contribuer à la fête que son épouse veut lui donner. Jeannette est par-tout ; c'est elle qui place les guirlandes de fleurs et les lampions dans son jardin ; des transparens, des chiffres et des légendes sont par-tout ; en un mot, M. de Briceval sera bien surpris quand il rentrera chez lui. Oh, oui, il sera bien surpris !.... Mais de quelle manière ? Poursuivons.

A trois heures après-midi, on entend des cris de joie dans la rue

Jeannette vole en effet à l'appartement de Cécile ; et, pendant ce temps, madame Déricourt fait placer son gendre à table. Elle-même s'y met à côté de lui, et quelques voisins et amis, qu'on a invités à cette fête, en font autant, en réservant deux places pour madame de Briceval et son amie.

Madame de Briceval paraît, accompagnée de Cécile, qui, confuse et tremblante, n'ose lever les yeux pour fixer le maître de la maison.... Briceval se lève, court à Cécile : Mademoiselle, lui dit-il, daignez... Ciel ! que vois-je ?.... Cécile lève les yeux, et s'écrie : Saint-Ange ! ah ! ah ! malheureuse !... Elle tombe sans connaissance....

Ici, la plume, trop faible pour exprimer l'effet que produit cette exclamation, tombe des mains, et c'est un tableau qu'il faut laisser au jugement du lecteur.

Briceval est allé, contre une cloison, appuyer ses mains, dans lesquelles il cache son front.

de la Visitation, qui est pleine de monde; le fouet d'un postillon annonce l'arrivée de la chaise de poste. Elle entre dans la cour; les applaudissemens, les *vivat* partent de tous côtés; et Briceval ne descend de voiture que pour tomber dans les bras de sa femme et de sa belle-mère. Le petit Auguste, habillé en amour, lui présente un double cœur enflammé, sur lequel on lit :

L'Amour et l'Hymen les ont réunis!

Briceval est enchanté de cette devise, et l'on voit que le déguisement d'Auguste lui fait naître plus d'une idée, lui rappelle plus d'un souvenir!....

Enfin Briceval est chez lui, fêté, chanté, embrassé : il a fait un heureux voyage; il revoit ses dieux pénates; il est au comble de l'ivresse. Madame Déricourt lui fait part du bonheur qu'a eu Jeannette de retrouver mademoiselle d'Eranville, qui a bien voulu se fixer chez lui. C'est bien, très-bien, ma mère, répond Briceval; mais où est-elle, cette femme intéressante que je n'ai jamais vue, mais dont les parens furent les amis de mon père infortuné! Moi-même, dans mon enfance, je fus reçu chez son père, et c'est-là, Jeannette, où tu m'appelais *ton petit mari*, sans pouvoir deviner qu'un jour je deviendrais ton grand, ton véritable époux. Que je vous sais gré, madame, d'avoir offert l'asile de l'amitié à cette infortunée dont ma femme m'a si souvent parlé! Mais où est-elle? pourquoi ne partage-t-elle pas l'allégresse générale? Me craindrait-elle? ferait-elle l'injure à mon cœur de le croire moins sensible que celui de Jeannette, son amie? Oh, daigne me présenter à cette fille estimable de tes généreux bienfaiteurs, ma chère Jeannette! je t'en supplie.—Mon cher Briceval, répond Jeannette, j'avais deviné tes sentimens pour elle : je cours te la chercher.

Madame Déricourt ne sachant ce que cela veut dire, court à Cécile, qui est privée de mouvement, et que Jeannette, trop émue elle-même, n'a pas la force de soutenir. Cette pauvre Jeannette est prête aussi à tomber en faiblesse, et tous les assistans restent muets, dans l'attitude de gens qui attendent une explication.

Cette scène muette se prolonge; et madame Déricourt, ne pouvant rappeler Cécile à la raison, prend le parti de la faire transporter dans son appartement, en la recommandant aux soins de la bonne Thérèse. Pour Jeannette, elle reste long-temps interdite; elle n'ose d'abord interroger son époux; mais elle réfléchit; et, née ferme et entreprenante, elle prend sur-le-champ un parti. Monsieur, dit-elle tranquillement à son époux, que cet événement singulier, inattendu sans doute, mais naturel, ne trouble point le plaisir que nous préparait ce beau jour. Venez vous mettre à table. — Madame, souffrez que je me retire chez moi. — Je conçois, monsieur, votre surprise; elle ne peut égaler la mienne, je vous le jure; mais enfin votre épouse n'aura pas, je l'espère, à souffrir d'une reconnaissance à laquelle elle était bien éloignée de s'attendre. — Madame, où est mademoiselle Saint-Brice ? — Mademoiselle St.-Brice, monsieur, n'est point le nom de mon amie : elle s'appelle Cécile d'Eranville. Saint-Brice est un nom supposé que son père avait pris dans ses voyages; mais ces détails seraient déplacés en cet instant. Veuillez, monsieur, vous prêter aux petites fêtes que votre épouse avait préparées pour votre retour, et ne lui donnez pas le désagrément de voir son espoir déçu, et la tranquillité de sa maison troublée pour une rivale !...

---

descendrons alors, et tu me présenteras à cet homme que tout m'engage à estimer d'avance.

Jeannette consent à cet arrangement; elle descend donner des ordres pour qu'on prépare une petite fête à son époux. Un repas superbe, des bouquets présentés par des groupes de jeunes pâtres, un feu d'artifice même, ainsi que des danses et des illuminations, tout est ordonné; et la rue et le quartier, la ville même, instruits du retour de M. de Briceval, se proposent de contribuer à la fête que son épouse veut lui donner. Jeannette est par-tout; c'est elle qui place les guirlandes de fleurs et les lampions dans son jardin; des transparens, des chiffres et des légendes sont par-tout; en un mot, M. de Briceval sera bien surpris quand il rentrera chez lui. Oh, oui, il sera bien surpris!.... Mais de quelle manière ? Poursuivons.

A trois heures après-midi, on entend des cris de joie dans la rue de la Visitation, qui est pleine de monde ; le fouet d'un postillon annonce l'arrivée de la chaise de poste. Elle entre dans la cour ; les applaudissemens, les *vivat* partent de tous côtés ; et Briceval ne descend de voiture que pour tomber dans les bras de sa femme et de sa belle-mère. Le petit Auguste, habillé en amour, lui présente un double cœur enflammé, sur lequel on lit :

L'Amour et l'Hymen les ont réunis!

Briceval est enchanté de cette devise, et l'on voit que le déguisement d'Auguste lui fait naître plus d'une idée, lui rappelle plus d'un souvenir !....

Enfin Briceval est chez lui, fêté, chanté, embrassé : il a fait un heureux voyage ; il revoit ses dieux pénates ; il est au comble de l'ivresse. Madame Déricourt lui fait part du bonheur qu'a eu Jeannette de retrouver mademoiselle d'Eranville, qui a bien voulu se fixer chez lui. C'est bien, très-bien, ma mère, répond Briceval; mais où est-elle, cette femme intéressante que je n'ai jamais vue, mais dont les parens furent les amis de mon père infortuné ! Moi-même, dans mon enfance, je fus reçu chez son père, et c'est-là, Jeannette, où tu m'appelais *ton petit mari*, sans pouvoir deviner qu'un jour je deviendrais ton grand, ton véritable époux. Que je vous sais gré, madame, d'avoir offert l'asile de l'amitié à cette infortunée dont ma femme m'a si souvent parlé ! Mais où est-elle ? pourquoi ne partage-t-elle pas l'allégresse générale ? Me craindrait-elle ? ferait-elle l'injure à mon cœur de le croire moins sensible que celui de Jeannette, son amie ? Oh, daigne me présenter à cette fille estimable de tes généreux bienfaiteurs, ma chère Jeannette ! je t'en supplie.—Mon cher Briceval, répond Jeannette, j'avais deviné tes sentimens pour elle : je cours te la chercher.

Jeannette vole en effet à l'appartement de Cécile; et, pendant ce temps, madame Déricourt fait placer son gendre à table. Elle-même s'y met à côté de lui, et quelques voisins et amis, qu'on a invités à cette fête, en font autant, en réservant deux places pour madame de Briceval et son amie.

Madame de Briceval paraît, accompagnée de Cécile, qui, confuse et tremblante, n'ose lever les yeux pour fixer le maître de la maison.... Briceval se lève, court à Cécile: Mademoiselle, lui dit-il, daignez... Ciel! que vois-je?.... Cécile lève les yeux, et s'écrie: Saint-Ange! ah! ah! malheureuse!... Elle tombe sans connaissance....

Ici, la plume, trop faible pour exprimer l'effet que produit cette exclamation, tombe des mains, et c'est un tableau qu'il faut laisser au jugement du lecteur.

Briceval est allé, contre une cloison, appuyer ses mains, dans lesquelles il cache son front.

CHAPITRE XXXII.

Jeannette va bien changer de caractère.

Briceval, revenu de son premier étonnement, regarde Jeannette : il ne peut concevoir que ce soit elle qui parle, et qui parle ainsi de son amie, à qui elle a tant d'obligations, de qui elle faisait les plus grands éloges. Ce ton froid et décidé lui en impose. Il s'adresse à madame Déricourt : Ma mère, qu'est devenue mademoiselle d'Eranville ? — Mon ami, elle est chez elle ; on lui donne des soins qu'exige son évanouissement. — Son évanouissement ; infortunée !..... Oncle cruel ! elle n'était plus ?...... Tu me l'avais persuadé !

Jeannette est pâle : on voit qu'elle souffre ; mais elle se contient ; et, se mettant à table, elle s'efforce de sourire à ses convives, en leur disant : Allons, messieurs, que cela ne nous empêche pas de fêter M. de Briceval : il va lui-même présider à cette table : oh, il estime trop sa femme et ses amis pour s'isoler de leur société le jour de son retour chez lui !

Briceval fixe Jeannette, fait quelques pas vers la porte d'entrée ; puis, revenant, il s'assied près de sa femme, et se contente de dire à Mme Déricourt : Ma mère ! qu'on ait bien soin d'elle ! — Ne t'inquiète de rien, mon fils ; dans un moment je monterai moi-même dans son appartement.

Le repas fut triste, comme on doit se l'imaginer : les étrangers invités mangèrent seuls, et se parlèrent à l'oreille, ou fixèrent les maîtres de la maison pendant tout le dîner. Jeannette affecta de la tranquillité;

tranquillité, de la gaieté même; elle eut le plus grand soin du petit Auguste, dont elle connaissait maintenant les parens; puis elle eut la fermeté de présider aux illuminations, même au feu d'artifice, auquel elle força son époux d'assister.

Qu'il était affligé cet époux honnête et délicat!..... Plus loin, nous le connaîtrons mieux.

Quand tout le monde fut retiré, Jeannette voulut monter chez son amie; mais madame Déricourt s'y opposa. Pourquoi donc, ma mère? dit-elle tout haut devant Bricéval; mon mari et moi, nous désirons y monter ensemble nous informer de sa santé. — Ma fille, cela ne se peut pas. J'ai voulu vous cacher cela tant que cette cohue nous a gênées ici; mais elle est partie. — Comment, partie, ma mère! qui, la cohue? — Eh non, mademoiselle d'Eranville! Revenue à elle, elle n'a fait que pleurer, gémir; puis, elle a envoyé chercher une voiture; et, après m'avoir remerciée de ce qu'elle appelait nos bontés pour elle, elle a profité de l'embarras où vous étiez tous deux pour se soustraire à vos regards, et partir pour Paris. — Ma mère ! et vous avez souffert que malade, faible, souffrante !.... — J'ai fait l'impossible pour la retenir; je n'ai pu la déterminer à rester. — Mais il fallait donc m'avertir? — Que veux-tu? je te voyais présider à la fête; et d'ailleurs, moi... c'est une énigme pour moi que tout cela: sais-je ce qui a donné lieu à son évanouissement, à votre extase à tous? — Et elle pleurait? — Sans doute elle pleurait, elle gémissait, elle disait entre ses dents : *Eh! mon amie est son épouse! Je ne trahirai point l'amitié! je partirai, et jamais on ne me reverra.* — Pauvre Cécile! elle m'apprend mon devoir!

Jeannette tomba dans un fauteuil, ses mains sur ses yeux, dont s'écoulèrent quelques larmes. Briceval, pâle et défait, laissa échapper ces paroles, qui tirèrent Jeannette de sa rêverie : Elle est partie !... elle a bien fait, oui, oui, elle a bien fait ! — Bien fait, monsieur, s'écria Jeannette en se levant, et du ton de l'indignation ! ne l'aimeriez-vous plus ? — Madame, je dois maintenant... mais vous savez donc ? — Tout, monsieur : je sais que vous avez abusé lâchement de son sommeil chez la perfide de Linval ; je sais, en un mot, que cet enfant, ce prétendu Auguste, est son fils et le vôtre. — Madame !... qui a pu vous apprendre ? — Elle-même : Cécile, avant que je vous connusse, m'avait tout conté ; mais vos changemens de noms à tous, vos réserves avec moi, tout m'a dépaysée. Si j'avais su que vous eussiez porté le nom de Saint-Ange, j'aurais été éclaircie, et vous n'auriez pas eu la peine de prendre des détours pour introduire chez moi votre enfant. — Madame, pardonnez ; il est vrai, j'ai adoré Cécile, que je n'ai connue que sous le nom de Saint-Brice : je sens, oui, je sens que je l'aime encore ! — J'en suis fâchée, monsieur ; mais je suis votre épouse. — Je le sais, madame..... mais cette chère Cécile !.... Je suis votre épouse, vous dis-je ! — Mon dieu, madame, me croyez-vous capable de l'oublier, de manquer aux devoirs que l'hymen m'impose ? — A moins, monsieur, que vous ne trouviez commode de divorcer pour rentrer dans vos premiers liens ! Ce ton d'ironie me surprend, madame ; vous ne m'y aviez pas encore accoutumé ? Ne savez-vous pas que j'abhorre le divorce, et que je regarde ce moyen de rompre ses nœuds comme indigne d'un galant homme ? D'ailleurs, madame, m'avez-vous donné sujet d'en venir à cette déshonorante extrémité ? — Je ne le crois pas, monsieur. Au surplus laissons tout cela : votre amante n'est plus chez moi ; elle a senti qu'elle ne pouvait plus rester près de votre épouse : je suis charmée qu'elle ait pris ce parti, qui prouve la pureté de son âme, car, au fond, c'est une femme bien estimable. — Oh, très-estimable, et bien plus encore à mes yeux : depuis que je sais qui elle est, et quels soins elle et ses parens ont pris de votre jeunesse. — Je ne les oublierai jamais, ces soins généreux; mais en vérité (*s'efforçant de sourire*) ma reconnaissance ne doit pas aller jusqu'à lui céder mon époux. Cet époux chéri est d'un trop grand prix à mes yeux, pour que j'en fasse le sacrifice. — Ah! (*avec ironie*) vous êtes bien bonne! — Oh, plus que vous ne le pensez!

Les deux époux se séparèrent; et cette nuit, qui devait leur offrir tant de jouissances après une si longue séparation, cette triste nuit les vit chercher séparément un repos qu'aucun d'eux ne put goûter.

Avant de rentrer chez elle, Jeannette avait mis sa mère au fait de l'ancienne liaison de Briceval avec Cécile; et la bonne dame, toute étonnée, avait juré à sa fille que son frère ne lui avait jamais dit un mot de tout cela. Jeannette, au comble de l'étonnement et de la douleur, ne put dormir; et, quelque surprenante que dût paraître sa conduite, elle s'affermit dans le dessein qu'elle avait projeté.

Lecteur, vous allez peut-être vous brouiller avec ma Jeannette? je le crains : je suis cependant son historien, je dois ne rien lui passer.... mais daignez prendre patience, vous la jugerez à la fin.

Bernard, le mari de Thérèse, était un garçon intelligent, et d'une discrétion à toute épreuve. Au point du jour, madame de Briceval fit monter ce bon serviteur à cheval, et lui ordonna d'aller en secret, sans débrider, à Paris, porter une lettre à M. de Verneuil, dont heureusement elle avait retenu l'adresse. Dans cette lettre Jeannette apprenait à cet ami commun tout ce qui s'était passé : elle le mettait au fait des liaisons de son époux avec Cécile, et le priait de retenir, jusqu'à ce qu'elle l'ait vu, mademoiselle d'Éranville, si toutefois elle s'était refugiée chez lui. Elle l'engageait en outre à lui faire réponse par le même courrier.

Bernard étant parti, Jeannette descendit au jardin, où elle aperçut son époux qui l'avait devancée : elle s'en approcha avec douceur : Mon ami, vous avez mal reposé ? — Très-mal, madame. — Vous sentez bien que mon sommeil à moi a dû être aussi bien troublé ? — A tort, madame ; car enfin, en quoi tout cela pourrait-il vous affecter ? je n'avais pas l'avantage de vous connaître lorsque j'ai vu, aimé mademoiselle d'Éranville. Je la retrouve, et bien . . . . . c'est un coup du sort qui ne peut changer votre position ; car je suis marié, honnête homme, et de plus, je vous aime, je vous estime trop pour entretenir aucune liaison avec une autre, quand même je... brûlerais toujours pour elle! Vous me parliez hier du divorce! oh, comme ce moyen est loin de ma pensée! Moi, je ferais votre malheur! Jeannette, vous ne m'en croyez pas capable? Ce n'est pas moi, soyez-en sûre, qu'on verra jamais venir à cette extrémité; on en abuse tant, qu'elle est déshonorante; eh puis, que m'avez-vous fait, femme estimable et tendre? vous me préparez une fête, j'arrive!... et vous découvrez chez vous une rivale et mon fils!... Ah! c'est cela, Jeannette, qui m'affecte jusqu'aux larmes! vous ne méritez pas un pareil chagrin!—Monsieur, tant de franchise, une tendresse aussi forte, calme ce chagrin que j'ai dû avoir sans doute; mais daignez m'apprendre comment vous avez pu contracter d'autres nœuds, aimant toujours une femme dont vous aviez un enfant? car votre dernière lettre que j'ai vue... pardon; mais vous rappelez-vous qu'un soir une madame Saint-Albin vous envoya chercher une dentelle?.... C'est chez Cécile que vous êtes venu: elle n'y était pas; c'est moi qui vous ai reçu. — Comment, Jeannette! c'était vous? Il faisait nuit, je vous ai à peine distinguée; mais en effet, quand je vous aperçus ici, votre figure ne me parut point du tout inconnue: mais pouvais-je penser?... C'est donc là que je perdis le brouillon d'une lettre que j'avais commencée pour mon oncle? Je l'ai long-temps cherché; mais alors je ne portais plus le nom de Saint-Ange; et si vous aviez demandé à madame St.-Albin, elle vous aurait dit... — Ce qu'elle m'a dit aussi, que le particulier qu'elle avait envoyé chez nous, ne se nommait pas Saint-Ange. — Elle ne me connaissait que sous le nom de Briceval, que nous avions eu le bonheur de faire réhabiliter. Ce nom était entaché d'un jugement infamant que les Déricourt avaient obtenu contre mon père. Mon oncle Jules, commandeur de l'ordre de

Malthe avant la révolution, se faisait nommer Mellery, et moi St.-Ange. Il découvre mon amour pour la prétendue Saint-Brice; mon domestique infidèle lui apprend tout. Ce vieillard furieux me menace de sa malédiction, d'exhérédation, si j'ai l'audace d'engager ma foi avant d'avoir découvert la fille de Félix Déricourt que je dois épouser : je l'avais promis à mon père mourant: il me mettait toujours cela devant les yeux. Le vieillard était violent; je le craignais, il m'en imposait!... Dans l'impossibilité de donner ma main à celle que j'aimais, j'osai lui dérober son enfant, le mien, que je mis chez une nourrice qui m'était dévouée. C'est ainsi que, voyageant toujours avec mon oncle, je fis à son insu élever mon fils; mais cet oncle malin, voulant arracher tout à fait l'amour de mon cœur, me lut une lettre supposée (à présent je le vois), de madame de Servol, de Calais. Cette amie nous apprenait que mademoiselle de Saint-Brice venait de mourir à Paris. Vous jugez de ma douleur ! j'aurais été capable de me rendre à Calais, auprès de madame de Servol, pour prendre des renseignemens plus précis sur ce malheur, si nous n'eussions appris, quelque temps après, que madame de Servol elle-même et son mari venaient d'être plongés au tombeau par une maladie contagieuse. Dès lors je crus mon malheur certain ; ce n'est même que dans cette conviction, Jeannette, que je me suis décidé à obéir à mon oncle, à votre mère, aux mânes de mon père, en vous épousant ! Tant que mon oncle a vécu, j'ai caché mon fils chez sa nourrice ; mais, après la mort de cet oncle, je n'ai pu résister au désir d'élever près de moi cet enfant d'une femme que je croyais ne plus exister : voilà, Jeannette, l'exacte vérité. Votre mère elle-même ignore les secrets que je viens de vous confier : mon oncle craignait trop qu'elle me refusât votre main, si cette femme vertueuse avait su que j'en aimais une autre, et que j'avais un enfant de l'amour. Il ne lui a jamais parlé de tout cela ; mais vous voyez, par ma confiance, Jeannette, que votre époux, vous estime, doit et veut vous aimer, et faire constamment votre bonheur!

CHAPITRE XXXIII.

Ah! Jeannette n'est plus aimable!

Briceval soupira après ces mots, et Jeannette sentit que cet amour dont il la flattait, n'était que la résignation d'un homme vertueux qui pense qu'il ne doit pas faire souffrir sa femme des caprices du sort. Jeannette fit tout son possible pour l'engager à se consoler de perdre une femme adorée ; et, ce qui surprit beaucoup Briceval, elle eut l'imprudence d'accroître ses regrets, en faisant le tableau le plus séduisant des vertus et des attraits de Cécile. Ne m'en parlez pas davantage, madame, lui dit-il ; vous plaidez sa cause plus que la vôtre.

Et il se leva, prit une autre allée du jardin, et disparut.

Au dîner, qui ne fut pas plus gai que celui de la veille, Jeannette annonça qu'elle avait le projet d'aller se fixer à Paris. Elle pria son époux de l'y accompagner ; et Briceval, qui n'était pas accoutumé à refuser la moindre chose à sa femme, y consentit, sans faire attention aux dangers que ce séjour pouvait avoir pour lui. Madame Déricourt fut seule affectée de ce projet : elle aimait sa maison, la ville de Chartres, la tranquillité ; elle voulait y rester. Jeannette insista pour son départ, et il fut convenu que Jeannette irait seule avec son époux passer quelques mois à Paris, et qu'ensuite tous deux reviendraient vivre auprès de leur mère. En vérité, ce désir de Jeannette avait bien l'air d'un caprice; mais nous allons la voir bien faire d'autres folies.

Bernard rapporta secrètement à Jeannette la réponse de M. de Verneuil. Cet ami lui apprenait qu'en effet Cécile s'était rendue chez lui toute éplorée; qu'elle lui avait raconté, ainsi qu'à sa sœur, sa tendre aventure avec un nommé St.-Ange, et que le plus singulier de tout cela était que ce Saint-Ange et M. de Briceval ne faisaient qu'un; du reste, Cécile faisait des vœux pour le bonheur de son amie: elle était désespérée du fatal trait de lumière que, sans le vouloir, elle avait porté dans l'âme de Jeannette; elle jurait de ne jamais revoir Briceval; mais elle regrettait son fils, qui, sans doute, était ce bel enfant qu'elle avait vu chez son amie. M. de Verneuil finissait en promettant le secret qu'on lui demandait, et sur-tout de retenir Cécile, ainsi que Jeannette lui avait recommandé.

Cette lettre comblait les vœux de madame de Briceval. Elle pressa son départ ; et, quelques jours après, elle embrassa sa mère, assez mécontente de ce brusque abandon, et monta en voiture avec son mari.

La voilà établie de nouveau dans son hôtel du faubourg St.-Germain ; ce qui surprit étrangement Briceval, c'est que cette femme si sage, si rangée, si philosophe depuis son séjour en province, prit des laquais en grand nombre, des voitures de tout genre, et afficha un étalage scandaleux. Elle s'était attaché Bernard, qu'elle avait emmené avec elle à Paris ; elle avait besoin de ce domestique dont elle était sûre.

Le second jour de son arrivée, elle se rendit, avec Bernard, chez M. de Verneuil : on ne l'y attendait pas ; et Cécile, qui ne prévoyait guères cette visite, était là près de madame Dolmont. Cécile jette un cri en reconnaissant Jeannette, non qu'elle fût jalouse, qu'elle lui en voulût; mais par un effet de la honte, de la douleur et de la surprise. Qu'avez-vous, mademoiselle ? lui dit timidement Jeannette ; est-ce mon aspect qui vous cause un si grand effroi ? Jeannette serait bien malheureuse, si cela était ! — Madame pouvez-vous présumer ?.... — J'ai perdu votre amitié, je le vois, et je vous jure que peut-être je ne l'ai jamais mieux méritée qu'en ce moment. — Jeannette, je ne puis vous en vouloir, ni vous haïr : n'attribuez donc qu'à la surprise l'émotion que j'ai éprouvée en vous voyant. Vous êtes bien heureuse ; vous êtes madame de Briceval !... — Ah, il est vrai, mademoiselle, que je suis l'épouse d'un homme qui vous fut bien cher ! mais s'il parut digne de votre tendresse, jugez combien il mérite la mienne ! je l'aime, je l'adore ; oh ! je l'avoue..... et je mourrais, s'il fallait m'en voir séparée !...

Jeannette fixe Cécile. Cécile est

émue ; des larmes cherchent à s'échapper de ses paupières. Madame Dolmont regarde son frère, comme en disant : *Voilà un aveu bien indiscret qu'elle fait à sa rivale ; elle devrait ménager davantage sa sensibilité.*

Jeannette remarque tout cela, et ne dit rien. Cécile s'écrie : Mon fils, je ne le verrai donc plus ! — Quand il vous plaira, mademoiselle ; venez le voir chez moi ; je réside à présent à Paris. — Jeannette, si je présumais que la jalousie eût changé votre cœur, je prendrais cette proposition pour une ironie. Me persuaderez-vous que vous verrez d'un bon œil la..... maîtresse de votre mari ? — Dites mon amie, mademoiselle, toujours mon amie, et vous apprécierez la franchise de mes discours. — Madame, si vous m'aimez toujours, vous êtes un ange ! — Je ne suis rien, mademoiselle, qu'une femme dévouée à vos moindres vœux. — Mes vœux, Jeannette ? hélas ! je n'en avais qu'un à former ! —

Pour celui-là, mademoiselle, il n'est pas en mon pouvoir de vous satisfaire : je suis fâchée de vous le répéter ; mais mon époux !.... je ne le céderais qu'avec ma vie ! et cela vous paraîtra d'autant plus étonnant, que je sais qu'il ne m'aime pas, et que c'est vous qu'il adore. — Il m'adore ?.... — Toujours, mademoiselle : oh, plus que jamais ! — Femme, qui osez vous dire mon amie ! de quel coup vous me frappez ! que ne me persuadez-vous plutôt qu'il me hait ? vous diminueriez mes regrets. — Je ne puis vous dire que la vérité, mademoiselle ; mais je m'aperçois que je vous suis importune ; je me retire....

Cécile voulut rappeler Jeannette; elle sortit ; et, passant dans une autre pièce, elle eut avec M. de Verneuil une conversation secrète, dont nous saurons bientôt le résultat. Jeannette remonta en voiture, et revint à son hôtel.

Le lendemain, elle ordonna à

Bernard de conduire, à l'insu de monsieur, le petit Charles chez M. de Verneuil. Bernard arrive avec l'enfant; il remet une lettre au maître de la maison ; puis, demandant mademoiselle d'Eranville : Mademoiselle, lui dit-il, voilà votre fils que je vous amène. — Mon fils ! et de quel ordre ? — De l'ordre de madame. — Votre maîtresse vous a ordonné..... — Oui, mademoiselle, de vous amener, pour un moment, le petit Charles. Oh, vous le verrez quand vous voudrez ; madame est si bonne ! — O maman ! s'écrie le petit Charles, en courant vers Cécile. — Maman ! tu m'appelles ta maman, mon petit ami ! qui t'a dit de me donner ce nom touchant ? — C'est ma bonne amie Jeannette qui m'a pris à part tantôt, et qui m'a dit : Ecoute, petit Charles, tu ne connaissais pas ta maman ; eh bien, on va te mener chez elle, aie soin de bien l'embrasser, de la caresser !......

Et, en disant ces mots, l'enfant presse de ses mains innocentes les joues de Cécile, couvertes du feu de l'amour maternel. Oui, mon ami, lui dit-elle; oui, je suis ta mère, ta bonne, ta malheureuse mère ! Hélas, que ne puis-je te rendre ton père ! — Oh, je le connais aussi, mon papa ! ma bonne amie m'a dit que c'était son mari. — Comment ! elle t'a appris cela ? — Oui, tout ! dame, j'ai cinq ans ; elle ne me regarde plus comme un enfant.

Cécile étonnée, fixe Bernard : Qu'elle est bonne votre maîtresse, lui dit-elle ; elle ne peut me rendre le bonheur ; mais elle fait tout pour adoucir ma peine ! elle me procure la douceur de voir mon fils, de le serrer dans mes bras !...... O Jeannette ! qui m'eût dit qu'un jour vous seriez ma rivale préférée.

Cécile passa quelques doux momens avec son enfant ; puis le domestique le ramena, en promettant à sa mère de lui procurer souvent cette satisfaction.

Le lendemain, Jeannette ordonna à Bernard de conduire Monsieur, sans qu'il s'en doutât, chez M. de Verneuil; et voici comment le fidèle serviteur s'y prit. Briceval voulait absolument parler à son notaire pour une affaire pressée. Bernard lui dit que ce notaire était sorti, mais qu'il l'avait vu entrer chez un de ses cliens, dans une maison près de la sienne. Comme il est possible, monsieur, ajouta Bernard, que le notaire y passe la journée; et comme vous n'avez que deux mots à lui dire, je vais vous conduire, si vous le permettez, dans la maison où il est.

Briceval y consentit, monta dans son cabriolet, et Bernard le fit arrêter à la porte de M. de Verneuil. Ils montent tous deux; Briceval entre, et la première personne qu'il aperçoit est.... Cécile! Cécile, émue, veut passer dans une autre pièce; Briceval, non moins étonné qu'elle, l'arrête : Pardon, mademoiselle, j'ignorais que vous demeurassiez ici : j'y venais chercher M. B...., mon notaire, qu'on m'avait dit y être. — Je me doutais bien, monsieur, que ce n'était pas ma présence que vous recherchiez ! — Ah, Cécile !... à quoi nous servirait-il de nous voir, de nourrir notre amour, inutile maintenant, et qui ne peut que doubler nos regrets ? — Je n'ai pas la ridicule ambition de vous voir soupirer sans cesse pour une infortunée qui vous doit tous ces maux, sans espoir d'en obtenir jamais la réparation. — Cécile !.... — Vous êtes marié ; vous avez une épouse estimable, digne de votre tendresse ; vous lui devez votre cœur. — Sans doute, Cécile, je me dois tout entier à ma femme. Je l'ai épousée sans inclination, bien certainement, et dans la fatale certitude que vous n'étiez plus. Des sermens, une histoire de famille, qu'on vous aura racontée sans doute ; tout me portait au seul hymen dont je pusse serrer les nœuds : ma femme, douce, modeste, vertueuse, n'a point mérité qu'un éclat scandaleux, un divorce!..... — Ah, monsieur! quel mot avez-vous prononcé? repoussez à jamais ce moyen extrême! Voir mon amie malheureuse par ma félicité, serait le comble de mes maux! Jeannette vous aime, monsieur; je juge, d'après mon cœur, à quel point elle souffrirait! — Elle est ma femme, Cécile. — Qu'elle le soit toujours! — Toujours.

Et il soupire, et Cécile le regarde, livrée à la même émotion. Ah, Cécile, poursuit Briceval, qu'elle est bizarre notre destinée! — Elle est affreuse pour moi seule! — Vous ne croyez donc pas, Cécile, que je vous aime encore; que je regrette votre main? — Monsieur..... vous devez m'oublier! — Vous oublier! jamais. — Je vous répéterai vos propres paroles: A quoi vous servira-t-il de nourrir votre amour? — Il m'est impossible de le chasser de mon cœur. Toujours, Cécile, depuis notre fatale séparation, j'ai pensé à vous. Dans les bras de mon épouse même, je lui prodiguais mon estime; mais votre souvenir m'occupait seul; mon cœur était tout à vous ! — Que ne m'avez-vous laissé mon fils, au moins, cruel ! il me dédommagerait de vous avoir perdu ! — Cécile, Charles a besoin de l'éducation d'un père ; il doit être un homme un jour, et je ne négligerai rien.... — Pauvre enfant ! quelle sera sa destinée ! — Heureuse. — Quels maux nous a coûtés l'absence ! — Nous sommes bien des victimes de la fatalité. Adieu, Cécile. — Adieu, Saint-Ange....... Allez retrouver votre épouse. — Oui..... comme vous dites...... je vais retrouver une épouse....... — Que vous devez aimer. — Que j'aime en effet.... beaucoup.

Un soupir encore...... et ils se séparent.

CHAPITRE

CHAPITRE XXXIV.

Cela va de pis en pis.

CEPENDANT Jeannette témoigne à son époux, étonné, une froideur à laquelle il n'est pas accoutumé. Jeannette, cette femme autrefois si sage, si réservée, ne parle plus, n'agit plus qu'en étourdie, qu'en femme du monde, légère, évaporée. Elle a doublé son train, son domestique; elle ne rêve que fêtes, bals, festins, et semble prendre à tâche de contraster avec son époux, d'insulter à sa sombre mélancolie, à ses justes regrets. Elle a réuni à sa table tout ce que Paris offre de jeunes sots, étourdis; c'est un bourdonnement perpétuel de mots diffus qui ne signifient rien. Madame de Briceval paraît vouloir se mettre à la mode comme ces femmes perdues de réputation, dont on cite tout haut les noms aux spectacles et dans les ruelles. Elle n'est jamais chez elle, à son époux, à son intérieur : elle va déjeûner chez madame celle-ci, et prendre le thé chez madame celle-là. Elle gronde, elle tourmente tout le monde, son époux le premier.... Briceval entre chez sa femme; Jeannette, lui dit-il doucement, est-ce encore à vous que je parle, à cette Jeannette si douce, si sage, si raisonnable autrefois? Comment donc! depuis quelques mois le séjour de Paris vous a bien gâtée! vous voilà à la mode, et vous me donnez à moi le ridicule de ces sots époux dont on ne cite que les femmes, parce qu'elles sont à tout le monde, excepté à celui qui a des droits sur leur cœur!... Pardon de cette comparaison; elle est trop forte sans doute; je vous crois toujours vertueuse; mais l'opinion publique est contre vous. — Eh! que m'importe l'opinion, monsieur, si je suis toujours digne de mon estime ? — Tel est le langage de la vanité... mais les apparences vous accusent. Qu'est-ce que cet essaim d'étourdis et de femmes frivoles que vous rassemblez journellement ici ? et vous nommez cela vos amis ! Ils ne sont pas les miens, madame ; et il fut un temps où nos amis étaient communs à nous deux. Jeannette, expliquez-moi cette conduite singulière, qui sans doute a un motif secret ; car votre caractère n'a pu changer d'une manière aussi tranchante ! — Mon caractère, monsieur, est toujours le même. Tant que je me suis crue aimée de vous, tant que j'ai eu la faiblesse de penser que j'occupais seule votre cœur, j'ai cru devoir sacrifier mes goûts aux vôtres, et régler ma conduite sur la misanthropie de votre caractère ; je me disais : Mon époux est ennemi des plaisirs, je lui ferai ce sacrifice, puisque je suis l'unique objet de sa tendre affection : mes mœurs doivent être pures comme les siennes : voilà, monsieur, ce qui me faisait agir d'une manière conforme à vos désirs. Rappelez-vous cependant notre premier séjour à Paris? je me livrais à toutes les fêtes, tous les plaisirs, parce qu'il était dans mon caractère d'aimer les cercles et la dissipation. Cette vie a paru vous déplaire, j'y ai mis un terme : par complaisance pour vous, je suis retournée dans notre triste province. Vous m'y avez laissée une année entière, livrée à l'ennui le plus profond. Vous revenez, et je découvre que vous n'avez jamais eu pour moi que des égards, que votre cœur était, est encore à une autre! je me dis à présent : Puisque je me suis trompée, puisque l'on m'a abusée, je n'ai plus rien à ménager; j'aime le plaisir, le plaisir sera mon unique loi: je ne crains point l'indifférence de mon mari, elle m'est toute acquise! j'y répondrai par la même froideur, et je n'enterrerai plus ma jeunesse dans la solitude, parce que la solitude lui plaît. Voilà, monsieur, l'explication franche, comme vous le voyez, de ma conduite actuelle.

Briceval, interdit, regarde Jeannette, et lui dit : Vous avez une bien mauvaise société, Jeannette, et qui certainement vous gâte l'esprit, vous donne de mauvais conseils. Pourquoi supposez-vous que je ne vous aime point? Eh! ne vous donnai-je point une assez grande preuve d'amitié en restant dans les liens qui, vous le savez, ne sont pas ceux qu'avait d'abord choisis mon cœur?—Vous êtes galant, monsieur! — Votre franchise excite la mienne. Si je ne vous aimais pas, Jeannette... Mais je fais plus, je vous estime, je vous estimais du moins! je croyais votre cœur exempt de jalousie ; je lui soupçonnais plus d'attachement pour une amie dont les parens vous ont élevée. Au lieu de vous montrer rivale généreuse, amie sensible; vous ne parlez plus de cette amie qu'avec ironie; vous la fuyez; vous fuyez ses amis, ce M. de Verneuil dont je vous ai entendu vanter l'esprit et la probité; et pour ajouter à l'inconséquence, vous vous jetez dans tous les travers, et tout cela, dites-vous, parce que vous êtes sûre de n'avoir point mon cœur!.... Jeannette, ce n'est pas là le moyen de le ramener vers vous! J'espère que cet entretien suffira pour vous rendre à votre ancienne raison.

Briceval veut sortir, Jeannette l'arrête : Monsieur ? — Qu'est-ce ? — J'ai besoin d'argent. — Encore, madame ? jamais je ne vous ai vue tant dépenser !.... Au surplus, madame, voilà un rouleau, c'est le sixième, notez cela, depuis votre séjour à Paris. Je vous avertis que vous me ruineriez, si vous reveniez souvent à la charge. Jouissez, madame; mais vous me permettrez de vous dire un jour plus clairement, si vous continuez, ma façon de penser.

Briceval se retira furieux ; Jeannette ne fit aucune attention aux sages conseils qu'il venait de lui donner. Elle se para avec la plus grande recherche ; puis, accompagnée de Bernard, qui ne la quittait pas, elle fut dans ses cercles où, pour la première fois, elle passa la nuit entière. Qu'on juge de la douleur de son époux, en la voyant revenir le lendemain matin pâle et défaite ! Il voulut gronder ; elle s'emporta ; le pauvre époux se renferma chez lui, où il fit venir Bernard. Bernard, mon bon ami, lui dit-il, je te promets le secret ; mais dis-moi où ta maîtresse a passé la nuit ? — Monsieur ?.... — Parle. Quel que soit le secret que tu vas me confier, j'aurai assez de force pour l'entendre, et de discrétion pour ne pas te mettre en jeu auprès de madame. — Monsieur me le promet ? — Oui, oui. — C'est que si madame savait !... — Elle l'ignorera, dis donc ? — Eh bien, monsieur....

madame a joué. — Joué ? — Oui, monsieur, et perdu, non-seulement les cent louis que monsieur lui a donnés, mais encore deux cents autres sur sa parole. — Trois cents louis, bon dieu ! Et dans quelle infernale maison ?.... — Oh, ce n'est pas la première fois que madame joue et perd !... Je suis sûr qu'elle a déjà laissé chez madame des Etanges, cette prétendue baronne, cette intrigante connue dans Paris pour donner à jouer, plus de vingt mille francs ! — Que dis-tu ? et où les aurait-elle pris ? — Je l'ignore, monsieur. — Eh bien, voilà un joli petit train de vie !

A peine Bernard est-il sorti de l'appartement de Briceval, que celui-ci voit entrer M. B... son notaire. Pardon, monsieur, si je vous dérange ; mais j'ai besoin d'une explication avec vous. Autorisez-vous madame de Briceval à venir me demander aussi souvent des à comptes sur les fonds que j'ai à vous ? —

Comment, monsieur! ma femme va... — Tout à l'heure encore je viens de lui donner deux mille écus; mais j'ai son reçu. — Est-il possible? Eh quoi! monsieur B.... vous avez l'imprudence! — Monsieur, j'ai son reçu, vous dis-je, et madame est assez estimable sans doute pour que je lui donne avec confiance...... — Eh! combien a-t-elle déjà touché chez vous? Mais, sur les quarante mille francs que vous m'avez laissés pour rembourser ce qu'il vous reste à payer sur la maison de la rue du Bacq, j'en ai donné à madame environ moitié.... —Grands dieux! — C'est, m'a-t-elle dit, pour une acquisition qu'elle fait d'après votre aveu. — Eh! monsieur B.... à votre âge, avec tant d'expérience, vous donnez de pareilles sommes à une femme sans la signature de son mari! et vous croyez à ses mensonges!... Mais elle me ruinera si elle a affaire à des gens aussi confians que vous!... Je vous défends de lui donner une obole sans ma permission. — Monsieur, si j'avais cru..... — Laissez-moi, monsieur, je suis au désespoir!....

Le notaire se retire, et Briceval, furieux, veut entrer chez sa femme. Elle est sortie; un grand déjeûner l'appelle chez une femme dont le nom seul est un opprobre!... Quelle journée passe Briceval! Il veut voir M. de Verneuil pour implorer le crédit qu'il a sur l'esprit de Jeannette! Briceval va chez cet homme estimable, et lui confie tous ses chagrins. M. de Verneuil n'en paraît pas étonné. Il sait tout cela; il en gémit, et pense, comme Briceval, que sa femme a l'esprit perdu, le cœur gâté par les mauvais conseils. Bernard vous a donc tout dit, ajoute Verneuil? Vous avez dû être bien surpris d'apprendre que votre femme vous quittant le soir, et feignant de rentrer chez elle, sort ensuite de son appartement, et va passer toutes les nuits dans ces maisons de jeu où elle a déjà engagé une partie de sa fortune. — Quoi, quoi! cette nuit n'est pas la première? Vous l'ignoriez? indiscret!..... Puisque j'ai eu l'imprudence de vous l'apprendre, vous saurez qu'il y a deux mois environ, elle m'a emprunté, à moi, dix mille écus que je destinais à un remboursement, et que je me suis fait un plaisir de lui prêter, croyant qu'elle en ferait un bon usage. — En voilà bien d'une autre! mais si elle emprunte comme cela à tout le monde, mon cher monsieur, je serai ruiné, ruiné sans ressource, avant la fin de l'année! — Rassurez-vous, monsieur, ces trente mille francs me gênent fort peu, heureusement, et j'attendrai aisément votre commodité pour.... — Ce trait me pénètre de reconnaissance! Ah, monsieur! est-ce là cette Jeannette qui a vécu dix-huit mois si sage, si réservée avec moi? Sa mère ignore cette conduite odieuse! elle l'ignore, sa pauvre mère! — Elle sait tout, monsieur;

madame Déricourt vous plaint, et jure de ne jamais revoir sa fille, que la fortune et le séjour de Paris ont rendue indigne d'elle: ce sont ces expressions!... — Que je suis malheureux!...

Une femme entre, c'est Cécile: elle veut se retirer avec effroi. Restez, mademoiselle, lui dit Briceval; oh! restez, consolez-moi du moins, par l'aspect de vos vertus, des vices honteux dont une épouse coupable me donne le funeste exemple. — Monsieur, on calomnie madame de Briceval; je ne puis croire... — A l'évidence, interrompt brusquement M. de Verneuil? Avez-vous perdu toute confiance en moi, Cécile, et me croyez-vous capable de répéter des calomnies, si je n'avais la certitude de la cruelle vérité.

Cécile se tait. Briceval la regarde. O mademoiselle! que je suis à plaindre d'avoir formé un tel lien? Vous auriez répandu le bonheur chez moi; l'enfer est dans ma maison.
Briceval

Briceval verse quelques larmes ; Cécile, attendrie, s'empresse de les essuyer ; elle se joint à M. de Verneuil, à madame Dolmont pour offrir à cet infortuné des consolations qu'il ne peut plus entendre ; enfin, après l'entretien le plus doux, qui lui rappelle ses premiers feux, et donne une nouvelle activité à son amour, Briceval sort, et rentre chez lui pour y retrouver la solitude et la douleur.

CHAPITRE XXXV.

Scène violente. Conclusion.

Deux jours s'écoulent sans que madame reparaisse dans l'hôtel : elle rentre enfin ; et son époux, outré de fureur, ne veut pas entrer chez elle, dans la crainte de s'emporter. Il fait monter Bernard. D'où viens-tu ? lui dit-il ; où ta maîtresse a-t-elle passé ces deux jours-ci ? — Hélas, mon cher maître, ne me le demandez pas ! — Je veux le savoir, ou je te chasse. — Monsieur ! — Parle, vil complaisant des désordres d'une femme coupable ! Je suis perdu, monsieur, si madame sait.... — Choisis, dix louis, ou cent coups de bâton et ton compte ? — Eh bien, monsieur, si vous l'exigez, je choisirai les dix louis, et je vous dirai que nous avons été à la campagne chez cette madame des Etanges.... Il y avait grande société.... Madame y a joué, perdu tout, jusqu'à ses bijoux. — Quelle horreur, mais ce goût du jeu, elle ne l'avait pas autrefois ? — Oh, pardonnez-moi, monsieur, je m'en suis aperçu, moi qui ne suis qu'un ignorant, sur-tout pendant l'année que vous avez été absent. A Chartres, madame avait des sociétés où elle allait jouer, le soir, à l'insu de sa mère. — C'est cela qui l'a perdue ! et elle a engagé ses diamans ? — Eh puis encore....

— Hein ? — Ah ! monsieur va se fâcher ! — Dis tout, maraud ? — Eh puis encore une somme qu'un jeune monsieur lui a prêtée bien galamment, oh ça.... — Un jeune monsieur — Que madame trouve bien aimable, et qui a bien des soins pour elle. — Retire-toi, malheureux !...

Bernard, effrayé, se sauve. Briceval est désespéré : il connaît, pour la première fois, les transports de la jalousie.... Il marche à grands pas ; il frappe les meubles ; il est dans un état affreux. Enfin, il se décide à entrer chez sa femme. Madame... je sais tout ! — Tout, monsieur ! eh quoi donc ? — Qui est ce jeune homme qui vous suit par-tout chez la des Etanges, cette vile créature chez qui vous avez passé deux jours ? — Ce.... jeune homme, monsieur ! — Vous vous troublez ! — Qui a pu vous dire ? — Je sais tous vos déportemens, vous dis-je ! — Qu'appelez-vous, monsieur, mes déportemens? ne suis-je pas la maîtresse de mes actions? — Femme indigne! vous me forcez enfin à regretter Cécile! — Il vous sied bien de prononcer devant moi ce nom qui devrait vous faire rougir! — Ah! c'est à moi de rougir! eh bien, madame, vos procédés ont vaincu ma haine pour le divorce. C'est trop souffrir; il faut une fin à ceci, et je vous prie de consentir.... — Jamais, monsieur. Le divorce est un acte scandaleux, et qui déshonore toujours une femme. — Il ne pourra rien ajouter à votre réputation. — Je vois ce que c'est, monsieur; vous brûlez de voler dans les bras de Cécile! c'est affreux, et je suis bien malheureuse d'avoir épousé un homme qui en aimait une autre. — Ah! vous croyez que je me remarierais, madame? eh bien, faisons mieux; séparons-nous doucement, sans éclat, sans invoquer l'autorité des lois. — Non, monsieur, non; je veux être libre, moi, de donner

ma main à qui bon me semblera.—
Au jeune homme de la des Etanges?
—Bernard m'a trahie!.... mais je
m'en vengerai. — Avant tout, madame, il faut me dire si vous voulez changer de conduite, ou accepter
le divorce? — Non, monsieur, je
ne veux ni renoncer à mes sociétés,
ni divorcer. — Ah! cela est trop
fort, par exemple! Eh bien, madame, nous verrons, nous verrons!

Briceval sort furieux; il va faire
quelques tours dans la rue, comme
un fou, comme un insensé!... Il
balance, il hésite; enfin, il se rend
chez son notaire, qu'il consulte.
Ce notaire l'affermit dans son projet
de divorce, et ne le quitte pas qu'il
ne l'ait mené chez le juge de paix,
où Briceval, plus mort que vif,
signe l'acte que le notaire fait dresser. Tous deux reviennent à l'hôtel
avec le juge de paix. Jeannette n'est
point sortie. Le notaire lui adresse
des reproches assez vifs, l'engage à
signer. Elle s'emporte, elle crie,

elle donne de nouvelles preuves d'un caractère âpre, violent, et elle signe enfin l'acte de divorce par consentement mutuel. Ce n'est pas le tout, dit le notaire en tirant un autre acte de son porte-feuille : pour consolider cette séparation, il faut encore que monsieur signe cet autre papier. — Eh, monsieur, s'écrie Briceval, quand aurez-vous fini ?

Il prend la plume, signe sans lire, et se renferme chez lui pour se livrer à l'excès de sa douleur. Jeannette, au comble de ses vœux, monte en voiture avec le notaire, le juge de paix, et tous trois se rendent chez M. de Verneuil, qui est prévenu.

Vers trois heures après-midi, un carrosse s'arrête à la porte de l'hôtel de Briceval ; une dame en descend : c'est madame Dolmont, qui monte chez l'époux affligé, qu'elle trouve baigné dans les larmes. Monsieur, lui dit-elle, mon frère et moi nous avons appris ce matin l'acte de courage qui vous sépare d'une femme indigne de vous. Je viens calmer vos regrets, vous offrir des consolations, et vous prier de venir passer la journée avec nous. — Madame... je suis sensible... mais je veux être seul aujourd'hui, toujours!... — Vous ne me refuserez point cette grâce, monsieur : vos amis ne peuvent vous abandonner dans l'état affreux où vous êtes ; ils doivent vous consoler, vous enlever malgré vous. — Je ne puis, madame, après avoir été trompé aussi cruellement. — Ne regrettez plus une femme volage, et venez avec nous? Cécile est bien affligée aussi! — Cécile!... Vous dites que Cécile?... — Elle pleure sur vos malheurs, sur l'inconduite de celle qui fut son amie.... Cécile veut vous voir! — Elle pleure sur moi, cette bonne Cécile! hélas! je suis libre à présent; mais l'hymen peut-il sourire encore à ma pensée?

Briceval refusait toujours d'aller

chez M. de Verneuil; mais madame Dolmont le pria tant, qu'enfin il céda à ses instances. Le désir de revoir Cécile fut sans doute le motif de sa complaisance, et ce désir était bien naturel! Briceval monte en voiture, et le voilà arrivé chez madame Dolmont, où d'abord il ne trouve que Cécile. (Cécile elle-même ignorait que Jeannette, un notaire et un juge de paix fussent dans la maison : tous trois étaient cachés dans le cabinet de M. de Verneuil.)

Briceval entre; il regarde Cécile, tombe dans un fauteuil, et met les deux mains sur ses yeux, dont s'échappent des torrens de larmes. Briceval, mon ami, s'écrie Cécile non moins émue, vous êtes bien à plaindre, et Jeannette nous a cruellement trompés! — Quel cœur différent du vôtre, ô Cécile! — Qui l'aurait pensé! mais est-elle vraiment coupable? Ne vous a-t-on pas abusé? non, je ne croirai jamais que cette femme estimable ait pu manquer à ses devoirs. — Elle les a tous trahis, tous! — Briceval, le monde est si méchant! des rapports infidèles...... vous vous êtes trop pressés de rompre. — Cécile!... je ne pouvais plus y tenir...... Des liaisons vicieuses, le jeu; ma ruine eût été son ouvrage. — Cette pauvre Jeannette! elle était si bonne autrefois, si vertueuse! elle fit long-temps votre bonheur! — Elle a fait mon désespoir, ma honte!... — Où est-elle à présent? elle gémit sans doute de vous avoir perdu. — Elle m'a prouvé que cette séparation comble ses vœux. — Impossible, mon ami, impossible! vous êtes d'un prix!...

Cécile rougit et se tait. Briceval l'examine : Cécile, vous m'aimez toujours?... — Puis-je oublier le père de mon enfant? — Quoi! vous ne gardez aucun ressentiment d'un hymen malheureux...... dont je suis bien puni! — Le hasard a fait notre malheur à tous. — Il peut encore faire notre félicité. — Qu'entends-je! Briceval!.... Vous pourriez espérer!..... — Eh, Cécile, dans ce triste moment, sais-je si je suis digne encore.... si votre cœur?... Pardon, pardon! la cruelle Jeannette a troublé toutes mes facultés: elle a fait.....

Votre bonheur, s'écrie une voix; et soudain une porte s'ouvre: Jeannette paraît accompagnée de M. de Verneuil, de madame Dolmont, du notaire, du juge de paix et du fidèle Bernard.

Quoi! vous ici, madame, s'écrie Briceval en se levant comme pour sortir! — Oui, j'y suis, répond Jeannette, pour vous unir, tendres amans, pour vous rendre époux.

Cécile s'écrie à son tour: Qu'entends-je? — Il est temps, poursuit Jeannette, que vous me rendiez tous justice; il est temps enfin que je me fasse connaître. Vous m'avez crue légère, volage, dissipée, joueuse, et peut-être épouse infidèle; apprenez que je n'étais rien moins que tout cela, et que je n'ai pas cessé un seul instant de mériter votre estime. — Osez-vous, interrompt Briceval?... — Laissez-moi parler.

« Vous vous rappelez ce jour, ce jour fatal où Cécile reconnut Saint-Ange dans mon époux? quelle douleur me fit ressentir cette fatale lumière! j'étais la rivale de mon amie! je lui avais enlevé pour jamais tout espoir de bonheur! les plus violens combats s'élèvent soudain dans mon cœur! D'un côté la tendresse et l'estime que j'avais pour mon époux, me faisaient frémir à la seule idée de le perdre; de l'autre, la reconnaissance, l'amitié que j'avais vouées à mademoiselle d'Eranville, tout me faisait une loi de lui rendre son amant. Elle est mère, me dis-je, Cécile! ses droits sont plus forts que les miens. Sans les *cinquante francs* qu'elle m'a donnés, je n'aurais pû faire le voyage de Chartres; je n'aurais pas retrouvé ma famille, épousé l'amant de mon amie. Son malheur est donc son propre ouvrage ! il faut tout réparer, lui rendre un époux, donner un père à son enfant ! Mais comment m'y prendre ? M. de Briceval abhorre le divorce : il me le dit souvent ; il est impossible qu'il consente au sacrifice que je lui proposerai de sa main en faveur d'une autre. Cécile aussi ne voudra pas être heureuse aux dépens de son amie. Soyons assez adroits pour les forcer tous les deux à s'unir, pour rendre, malgré lui, la liberté à mon époux ? Ce projet fut la suite de mille réflexions cruelles ; mais enfin je m'y arrêtai, et rien ne me coûta pour l'exécuter !

» Ce qui me répugnait le plus, c'était d'affecter de la froideur envers mon amie que je chérissais davantage, me voyant la cause de son malheur ! J'en eus la force ; j'eus celle aussi de susciter des querelles à mon mari ; de prendre le ton d'une coquette, de feindre la dissipation, une mauvaise conduite en un mot ;

car il lui fallait de fortes raisons pour l'amener à mon but. Son notaire, que voici, fut mis dans ma confidence, et me servit au-delà de mes souhaits ; M. de Verneuil voulut bien aussi entrer dans mon projet, après l'avoir vainement combattu. Il poussa les procédés jusqu'à laisser dans l'erreur commune ma chère Cécile, qui ignora mon dessein. Enfin ce fidèle serviteur, le bon Bernard, fut chargé de faire à son maître les fausses confidences qui le poussèrent au dernier degré d'indignation contre moi. Briceval, les nuits que j'ai passées loin de vous, c'est avec madame Dolmont, à sa campagne, qu'elles se sont écoulées, dans la pratique, j'ose le dire, de quelques bienfaits envers des pauvres indigens de son village. Je n'ai point emprunté de sommes à M. de Verneuil, ni à M. B.... comme ils vous l'ont fait accroire ; et les rouleaux de louis que vous m'avez donnés, je les ai tous déposés entre les mains de votre notaire : il les a, il vous les rendra. Ma mère, instruite par moi de ma conduite, a eu la bonté de l'approuver ; en un mot, j'ai l'orgueil de me dire une coupable très-vertueuse, et, si ce rôle désagréable m'a fait souffrir, j'en suis bien dédommagée par votre bonheur, qui en est l'ouvrage. »

Tout le monde reste muet d'étonnement. Cécile rompt le silence : Je le savais bien, moi, dit-elle, qu'elle ne pouvait être coupable ! — Femme généreuse, s'écrie Briceval ! Eh quoi, j'ai pu !.... Quelle honte pour moi ! mais je réparerai ma faute : tu seras mon épouse, ange du ciel ! je reprendrai tes doux liens. — Impossible, monsieur, répond Jeannette, (*souriant*) nous avons divorcé ; oh, l'acte est signé : (*d'un on plus sérieux*) et puis vous avez signé aussi la promesse d'épouser Cécile ! — Moi ? — La voici : c'est le papier que M. B... vous a présenté en second.

Briceval se tait. Cécile se jette dans les bras de son amie; elle ne veut point profiter de tant de générosité; et il s'élève alors, entre Cécile, Briceval et Jeannette, un débat où brillent la délicatesse ensemble et la plus touchante amitié. Jeannette prend enfin le parti d'élever dans ses bras le petit Charles entre Briceval et Cécile : Eh bien, leur dit-elle, si vous n'écoutez pas les prières de votre amie, entendez donc, cruels, la voix plaintive de cet enfant qui vous crie : Rendez-moi l'honneur en me donnant un père; une mère que je puisse avouer dans la société où vous avez lancé ma triste existence !

L'enfant, comme par instinct, répète *ma triste existence!* d'un ton si touchant, que Briceval s'écrie : Eh bien, puisque l'amitié, la nature, tout conspire pour notre bonheur, ô Cécile! soyons donc heureux!

Jeannette prend la main de son amie, la met dans celle de Briceval, et les unit en disant : Mes amis !.... j'ai le prix de mes soins !...... Et voilà, ma chère Cécile, l'intérêt de vos *cinquante francs* !......

Le notaire rédige sur-le-champ ce nouveau contrat ; et Cécile versant dans le sein de Jeannette des larmes de sensibilité : Mon amie, lui dit-elle, femme généreuse et vraiment sublime, souffrirez-vous encore qu'il existe ici un être malheureux? M. de Verneuil !..... il vous aime depuis long-temps !..... il soupire en secret ; mais j'ai su deviner sa passion ; et certes (*souriant*) je ne m'étonne pas qu'il ait si bien secondé votre projet de divorce : je plaisante néanmoins ; son cœur m'est trop connu pour que je lui suppose d'autre intention, en se prêtant à la vôtre, que celle de contribuer à mon bonheur..... Jeannette ferez-vous le sien ?

M. de Verneuil se jette aux genoux de Jeannette, et lui dit : Madame, si j'ai toujours caché l'amour timide et respectueux que vous m'avez inspiré, et qui m'a fait verser en secret bien des larmes depuis que je vous ai vue mariée, ce n'est point dans l'espoir d'obtenir votre main que j'ai justifié votre confiance dans cette affaire-ci. Je voyais trois êtres malheureux par une union à laquelle le bonheur ne pouvait plus présider; j'ai admiré la grandeur de votre âme, et la nouveauté de votre sacrifice m'a engagé à vous aider de tous mes moyens; mais, madame, je n'ose pas encore aspirer au bonheur de succéder à M. de Briceval : tant de félicité passe mes espérances, et je ne demande uniquement que le bien de rester votre ami ?

Jeannette sourit, regarda le notaire, et lui dit : Monsieur, un second contrat vous fatiguerait peut-être à écrire ?.... Le notaire répondit par la négative, et M. de Verneuil, ainsi que sa respectable sœur, furent au comble de la joie.

Allons tous maintenant, continua Jeannette, vivre dans la retraite, auprès d'une mère chérie, et que je m'y délasse un peu des sociétés bruyantes et méprisables que mon rôle m'a trop long-temps forcée de voir! Cécile, Briceval, M. de Verneuil, sa sœur, madame Déricourt et moi, nous ne formerons tous dorénavant qu'une seule famille. N'oublions pas d'appeler près de nous cette bonne Emilie qui nous a prouvé aussi tant d'amitié, et de bien récompenser ce fidèle Bernard, qui n'a trahi en apparence son maître et sa maîtresse que pour les servir. Occupons-nous tous de l'éducation du jeune Charles, à qui va maintenant appartenir le nom de Briceval; et c'est ainsi qu'au milieu de bons amis et de serviteurs zélés, nous sommes sûrs de fixer désormais un bonheur constant.

Le juge de paix, attendri lui-même de la noblesse du procédé de Jeannette, prescrivit aux uns et aux autres ce qu'ils avaient à faire pour suivre les lois du divorce et conclure les deux mariages projetés ; puis tous ces amis partirent pour Chartres, où ils furent reçus avec la plus vive tendresse par l'estimable madame Déricourt, qui approuva tout, et ne cessa de faire l'éloge de la conduite de sa fille, de la bonne et généreuse Jeannette.

Au bout du terme prescrit par les lois, Briceval épousa Cécile, et Jeannette fut l'épouse de M. de Verneuil. Cécile, un an après, devint mère d'une jolie petite fille qu'elle nourrit : ces quatre amis vivent encore aujourd'hui dans la plus grande intimité, et sont heureux par le sacrifice surnaturel de l'un d'entr'eux, de Jeannette, le modèle touchant de l'amitié et de la reconnaissance !

Fin du second et dernier Tome.

TABLE DES CHAPITRES

Contenus dans ce Volume.

Chapitre dix-neuf. *Refus qui n'a pas d'exemple.* Page 3

Chap. XX. *Joie du Papa, et suite funeste.* 16

Chap. XXI. *Sa tête va bien travailler.* 30

Chap. XXII. *Adieu, Jeannette.* 41

Chap. XXIII. *Tendresse réciproque.* 55

Chap. XXIV. *Il va vite en amour.* 68

Chap. XXV. *Où l'on verra paraître et disparaître plusieurs héros.* 81

Chap. XXVI. *On voit bien des mariages comme cela.* 102

Chap. XXVII. *Mari comme il y en a tant.* 119

Chap. XXVIII. *Petite cause et grand effet.* 134

Chap. XXIX. *Touchons-nous au dénouement ?* 145

Chap. XXX. *Bonne intelligence qui ne durera pas.* 160

Chap. XXXI. *Qui n'apprend rien au lecteur intelligent.* 170

Chap. XXXII. *Jeannette va bien changer de caractère.* 179

Chap. XXXIII. *Ah ! Jeannette n'est plus aimable.* 192

Chap. XXXIV. *Cela va de pis en pis.* 205

Chap. XXXV. *Scène violente. Conclusion.* 217

Fin de la Table.

www.ingramcontent.com/pod-product-compliance
Lightning Source LLC
Chambersburg PA
CBHW071941160426
43198CB00011B/1494